说话是门技术活

TALKING

郑一群 著

与上级沟通的 9 种技巧

新华出版社

图书在版编目（CIP）数据

说话是门技术活：与上级沟通的 9 种技巧/郑一群著
北京：新华出版社，2014.5
ISBN 978-7-5166-1026-8
Ⅰ.①说… Ⅱ.①郑… Ⅲ.①语言艺术—通俗读物 Ⅳ.①H019-49
中国版本图书馆 CIP 数据核字（2014）第 103714 号

说话是门技术活：与上级沟通的 9 种技巧
作　　者：郑一群

出 版 人：张百新　　**责任编辑：**赵怀志
封面设计：图鸦文化　　**责任印制：**廖成华

出版发行：新华出版社
地　　址：北京石景山区京原路 8 号　　**邮　　编：**100040
网　　址：http：//www.xinhuapub.com　http：//press.xinhuanet.com
经　　销：新华书店
购书热线：010-63077122　　**中国新闻书店购书热线：**010-63072012

照　　排：新华出版社照排中心
印　　刷：北京竹曦印务有限公司

成品尺寸：170mm×240mm　　**印　　数：**1—5000 册
印　　张：14　　**字　　数：**170 千字
版　　次：2014 年 5 月第一版　　**印　　次：**2014 年 6 月第一次印刷

书　　号：ISBN 978-7-5166-1026-8
定　　价：28.00 元

前 言

人在职场，难免会和上级打交道，很多人的感受都是“伴君如伴虎”，上级永远是不可琢磨的，自己永远猜不透其意图。于是乎，战战兢兢，缩手缩脚，如履薄冰。其实，并非“老虎的屁股摸不得”，而在于你怎样去“摸”。只要掌握了一定的说话方式和语言技巧，在同上级沟通时，懂得如何说话、说些什么话、怎么把话说到上级心坎里，与上级的相处便会变得轻松自如。

当今社会，一个人的能力表现在很多方面，会说话就是一种能力。但是很多人却不知道怎样和上级说话，以致遭遇种种困难。有些人工作努力却得不到重用，有些人出色地完成任务，却与评优、加薪、升职无缘，有些人对上级尽心尽力，却总是得不到上级的一句赞赏……由此可见，一个人是否得到上级的器重，除了个人的工作能力之外，还受很多因素影响，其中，是否能恰到好处地与上级说话也是一个非常关键的因素。

在职场中，会说话的人往往容易赢得上级的好感和重视。话说得好听，说得到位，上级便易于接受你提出的条件和要求。否则即便是一件简单的事情，也很容易办砸。的确如此，会干活更要会说话。作为下属要时刻保持主动与上级沟通的意识，上级工作往往比较繁忙，而无法顾及得面面俱到，保持主动与上级沟通的意识十分重要，不要仅仅埋头于工作而忽视与上级的主动沟通，还要有效展示自我，让你的能力和努力得到上级的高度肯定，只有与上级保持有效的沟通，方能获得上级器重而得到更多的机会和空间。

与上级进行有效沟通，保持良好上下级关系，不是人格扭曲，不是狡诈诡谲，不是欺上瞒下，不是阿谀奉承，也不是人际交往异化流俗，而是为人处世的一门学问。一个会说话的人不但在职场中受欢迎，在其他任何地方都是非常受欢迎的。

说话是一个人智慧和学识的反映，它也是一种可以随身携带并且永不过期的能力。在职场中，那些明事理、会说话的人总能得到上级的青睐并且为自己赢得许多机遇；而那些笨嘴拙舌的人则总是得不到上级的重视而且业绩平平。所以，要想获得上级的青睐和赏识就必须做一个会说话的人。

说话人人都会，但话是否说得动听，有效果，能否通过说话的过程给他人留下一个良好的印象，并不是每个人的专长。特别是在与上级进行语言沟通的过程中，懂得说话的艺术及技巧特别重要。所以说，与上级交流是一门学问，要摆正心态，更要学会技巧。你只有认真听，仔细想，反复推敲，才能掌握好适宜的说话技巧。

本书通过大量生动的案例和深入浅出的论述，让身在职场的你领略到和上级说话的重要性，并掌握和上级说话的技巧，让你在职场中立于不败之地。

目 录

技巧①

语言得体，让上级对你刮目相看

俗话说：“会说话的令人笑，不会说话的令人跳。”话如其人，一个人的说话水平往往能体现个人的能力和素质。在职场中，那些拥有好口才、会说话的人总能给人以如沐春风之感；而那些不懂口才和语言技巧的人，时常会引起上级和同事们的反感，甚至会招来不必要的麻烦。一言能兴邦，一言能丧国；一人之辩重于九鼎之宝，三寸之舌强于百万之师。人生的成败，往往取决于口才的好坏。因此，做个会说话的人，妙言巧语让你笑傲职场。

会做又要会说，上级才喜欢

每个人都会说话，但每个人说话的效果却千差万别。为什么会这样呢？原因在于说话的能力差异，也就是我们所说的说话水平的高低。说话，不仅是一种生理功能，更是一种能力。口才体现了“说得出的能力，做得到的成就”，一个人才不一定有好口才，但一个有口才的人一定是个人才。

成功者曾经这样总结过：“全凭自己的能说会道”；而失败者则这样归纳：“都怨自己的这张嘴。”可见，说话水平的高低，直接影响着人生的得失与成败。如果你没有语言障碍，如果你并不缺少才智，如果你想成就人生的梦想，就不能不具备能说会道的本领。而不善言辞，或尽说废话、空话、套话的人，他们的人生必然不会有多大的成就。

有一个国王做了一个梦，梦见自己所有的牙齿都掉光了，就让一个人来给他解梦，那个人对国王说这意味着他的家人会像他的牙齿一样一一离他而去，先于他而死去。结果国王十分生气，就砍了他的头。之后国王又叫了一个人来解释这个梦，结果第二个人说这意味着国王将比他所有的家人都长寿，国王听了之后很高兴，奖赏了第二个人一大笔钱。

这虽然只是一个故事，两个人表达相同的意思却得到了不同的结果，问题不在于你说些什么，而在于你怎么说。这是不是对我们有所启示呢？

语言是种神奇的东西，一句话说得好，可以说得人笑；一句话说得不好，可以说得人跳。一句话可以化友为敌，引发一场争论甚至导致一场战争；一句话也可能化敌为友，冰释前嫌。可见，在现代交际中，是否能说，是否会说，以及与言谈交际相关的知识能力的多寡，深刻影响着一个人的成功和失败。

有一个理发师傅带了个徒弟。徒弟学艺3个月后，这天正式上岗，他给第一位顾客理完发，顾客照照镜子说：“头发留得太长。”徒弟不语。

师傅在一旁笑着解释：“头发长，使您显得含蓄，这叫藏而不露，很符合您的身份。”顾客听罢，高兴而去。

徒弟给第二位顾客理完发，顾客照照镜子说："头发剪得太短。"徒弟无语。

师傅笑着解释："头发短，使您显得精神、朴实、厚道，让人感到亲切。"顾客听了，欣喜而去。

徒弟给第三位顾客理完发，顾客一边交钱一边笑道："花时间挺长的。"徒弟无言。

师傅笑着解释："为'首脑'多花点时间很有必要，您没听说：进门苍头秀士，出门白面书生？"顾客听罢，大笑而去。

徒弟给第四位顾客理完发，顾客一边付款一边笑道："动作挺利索，20分钟就解决问题。"徒弟不知所措，沉默不语。

师傅笑着抢答："如今，时间就是金钱，'顶上功夫'速战速决，为您赢得了时间和金钱，您何乐而不为？"顾客听了，欢笑告辞。

晚上打烊。徒弟怯怯地问师傅："您为什么处处替我说话？反过来，我没一次做对过。"

师傅宽厚地笑道："不错，每一件事都包含着两重性，有对有错，有利有弊。我之所以在顾客面前鼓励你，作用有二：对顾客来说，是讨人家喜欢，因为谁都爱听吉言；对你而言，既是鼓励又是鞭策，因为万事开头难，我希望你以后把活做得更加漂亮。"

徒弟很受感动，从此，他越发刻苦学艺。日复一日，徒弟的技艺日益精湛。

不仅要会干，也要会说。我们在日常办一件极普通的小事，由于说话水平不同，所获得的效果和回报也大不相同。

说话的能力往往决定着一个人成就的大小，在这个社会，做一个会说话的人，往往受到别人的喜欢，不管是做人做事，说话的能力都是一个至关重要的因素。出色的口才不但能帮你施展才华，更会让你赢得上级的赞赏。看看身边那么多的职场达人，哪一个不是说话的高手、沟通的奇才？成功人士大多是聪明的说话者。正如卡耐基所断言："现代成功人士80%都是靠一根舌头打天下。"这些成功人士正是依靠出众的口才而被上级认同，上得青睐，下得爱戴。

拼搏在职场，也许你总能出色地完成工作任务，你总是满怀欣喜地盼望着评优、加薪、升职，可是这些好事却总是离你很遥远。你只能每次眼睁睁地看着别人受到奖赏和升迁，自己却只有辛苦的份儿。这时，你最该思考的就是自己和上级之间在语言交流方面是不是出了问题。在职场中，工作能力差不多的两个人，语言表达能力不好的人，升迁机会往往要比既会办事又会说话的人少得多。

有两位给上级开车的司机，由于单位精简，必须裁掉一个。于是，两人竞争上岗。第一个司机大概讲了十来分钟，说："我将来要还能开车，一定把车收拾得非常干净利索，遵守交通规则，要保证上级的安全，一定要做到省油……"第二个司机没用三分钟就结束了。他说："我过去遵守了三条原则，现在我还遵守着三条原则，如果今后用我，我还将遵守三条原则：第一，听得，说不得；第二，吃得，喝不得；第三，开得，使不得。我过去这样做，现在这样做，今后还这样做。"

在上级心目中，这个司机说得非常好。为什么呢？"听得，说不得"是指，上级坐在车上研究一些工作，往往在没讲之前都是保密的，司机只能听不能说，说了就是泄密。"吃得，喝不得"意思是，司机要经常陪上级到这儿开会，到那儿参观，最后总得吃饭，但是千万不能喝酒，这叫保护上级的生命安全。而"开得，使不得"就是，只要上级不用的时候，我也决不为了己利私自开车，公私分明。这样的司机谁会不用呢？这不是会说话的效力吗？

看来，学会和上级说话，是职场人士的一门必修课。上级常常根据一个人的讲话水平来判断其学识、修养和能力。口才可以表现出一个人的睿智和高雅，也可以暴露出一个人的愚蠢和低俗。好的语言如同好的色彩，易让上级感受到你的为人，有效发挥交流的作用。有人说，干得好不如说得好。这句话虽然有些偏颇，但是在职场中，如果会做事再加上会说话，那这样的员工肯定能迅速受到上级的青睐和重用。一个会说话的人，可以将自己所拥有的专业知识及专业能力进行百分之百地发挥，并能迅速地给上级留下好印象。如果不会正确地表达，永远也不可能改变上级对你的认识。在关键时刻，每一个字，每一句话，都可能影响到你事业的进展，改变你在职场中的位置。

张玉民是公司的销售主管，他工作任劳任怨，并且业绩突出。但他发

现，自己的工作并没有得到充分的肯定和鼓励，反而招来了上级的质疑和不信任。于是他更加努力地工作，半年后又取得了若干显著的成绩。这时，上级找他认真地谈了一次话。在谈话中，上级首先表扬了他的工作业绩，然后提出了他存在的几个问题，其中最重要的一点就是缺乏沟通。例如，他很少主动进入上级的办公室，来跟上级谈一谈工作的进展情况。他有些不解：既然让我来做事，把事交给我就好了，为什么还要不断地和您沟通呢？有这个必要吗？

当他看到那些做出的成绩不如自己但勤于和上级沟通的同事，升职比自己还快时，他慢慢明白了学会和上级说话，主动与上级沟通，是何等的重要了。

由此可以看出与上级的沟通的重要性。因为通过沟通才能使上级了解你的工作作风、确认你的应变与决策能力、理解你的处境、知道你的工作计划、接受你的建议，这些反馈到他那里的资讯，让他能对你有个比较客观的评价，并成为你日后能否提升的考核依据。

良好的沟通不仅能保证人际交流的顺畅，也会为人的工作表现加分。在生活与工作中注重沟通技巧的修炼，掌握沟通的方法将给你的人生创造意想不到的新局面。在竞争激烈的职场，沟通技巧的高低往往决定了一个人职业生涯最终能达到的境界。

当今职场犹如一场没有硝烟的战场，晋升、加薪都需要竞争，而我们都知道，从某种角度上说，掌握职场生杀大权的就是我们的上级。因此，在工作中，只有与上级进行有效的沟通，才能有利于我们工作的开展。

努力提高自己的说话水平

在职场中，拥有良好口才的人往往容易办成事，相信你会看到身边有这样的一些人，他们走到哪里都会受到欢迎，无论是和上级相处还是与同事沟通，都显得得心应手，泰然自若。藏在这一切背后的秘密就是他们大多拥有良好的口才。

某公司在一次选拔中层部门经理的竞聘活动中，为了测试一位女竞聘者的应对技巧，主考官提出了这样一个难题："假如你必须在肖邦和希特勒两个人中间选择一个作为终身伴侣的话，你会选择哪一个呢？"

这位女竞聘者是这样回答的："我会选择希特勒。如果嫁给希特勒的话，我相信我能够感化他，那么第二次世界大战就不会发生了，也不会有那么多家破人亡的惨剧发生。"

这位女士的巧妙回答赢得了上级的掌声。

这个问题难度较大，大多数人估计都不会回答"选择希特勒"，因为如果回答"选择希特勒"，很难给予合理的解释。那位女士却选择了出人意料的答案，又寻出了合理而又充满正义的解释，从而成功地推销了自己的特色，以幽默、机智给评委上级留下了深刻印象。

由此可见，会说话是一个人在生存和竞争中获胜的必备本领。一个会说话的人，必定能够将自己的智慧、优雅、博学、能力通过自己的口才展示在众人面前，从而使自己受到周围人的喜爱。如果你能掌握说话的技巧，你就拥有了成功人生的资本，就一定能在事业上取得成功。

任何人都不可能是天生的语言大师，所以说话水平技巧只能是在学习中不断提高，在实践中不断增强，只要运用其中的方法和技巧，任何人都可以自如地驾驭语言，潇洒从容地与他人交流。具体来讲，要想有好的口才，应该从以下几个方面多下功夫：

1. 掌握正确的发音

对于每个字，都必须发音清楚。清楚的发音可以依赖平时的练习，注意别人的谈话，朗读书报，多听收音机广播等，这些均对正确的发音有较好的帮助。

2. 掌握丰富的知识

渊博的知识是睿智的体现，而渊博的知识、睿智的头脑则来源于平时一点一滴的学习和积累。"万丈高楼平地起"、"不积跬步，无以至千里"等俗语，说的就是这个道理。一个人要想真正提高自己的语言表达能力，就必须尽可能做到读万卷书，识万般理，平时养成多读书看报的习惯。因此，对于好的文章、经典的故事、生活的常识、专业的知识都需要用心去体会，花心思去练习。而这个问题的解决，就需要我们学会正确地运用好业余时间。

3. **说话通俗易懂**

在说话的时候，力争每一句子明白易懂，避免用艰涩的词汇。别以为说话时用语艰深，就是自己有学问、有魄力的表现。其实，这样说话不但会使人听不懂，往往还会弄巧成拙，引起别人的怀疑，以为这是你在故弄玄虚。所以，良好的口才，应该是用大方熟练的语句，加上丰富的词汇，这就可以应付说话的需要，使说话内容多彩多姿，扣人心弦。

4. **说话声音要响亮**

我们要明白一点，话是说给别人听的，除非是悄悄话，有隐私。一般说话要把音送到人家耳朵里，要让人听得清楚，所以要响亮。在生活中，常会遇到一些说话声很小的人，一番对话下来，有时候要重复好几遍才听清楚他要表达什么，这样不但令聆听者感到吃力，更表达出说话者缺乏自信的一面，试想一下又有哪个成功的人说话像蚊子一样小声。

5. **注意说话的速度**

在语言交流中，讲话的快慢将不同程度地影响你向他人传递信息的效果。速度太快如同音调过高一样，给人以紧张和焦虑之感。如果你说话太快，以至于某些词语模糊不清，他人就无法听懂你所说的内容；如果速度太慢，则表明你领会迟钝、过于谨慎。努力保持恰当的说话速度，不要太快也不要太慢，并在说话时不断地调整。当你想和别人交谈时，选择合适的速度以引起他人的注意。任何情况下都不能吞吞吐吐。如果这样，你除了被冠以“思维迟钝”之外，也许还会被认为是个傻瓜。偶尔的停顿无关紧要，但不要在停顿时加上“嗯”或紧张不安地清一下嗓子。

6. **加强生活积累**

有些人在和人谈话时，为什么别人都不大爱听呢？关键就是缺乏生活的积累，净说些不着边际的话，这样是很难打动人心的。所以，要想有好口才，多加强生活积累显然也很重要。加强生活积累关键是要走出去，积极面对生活，感受生活，尝试生活中的甜酸苦辣，用眼睛欣赏生活的色彩，用耳朵聆听生活的声音，用心灵感受生活的脉搏。因为，毕竟“生活不是缺少美，而是缺少发现美的眼睛”。

7. **练习模仿**

人类获取知识的最初途径通常就是模仿。尤其是在今天，网上有大量的学习资讯与资料，相信你一定会找到自己所需要的。任何关于语言表达的，比如说相声、评书、小品、电视剧等都可以模仿。

8. **学会运用表情**

表情也是谈话的一部分。对于用期盼的表情正在听自己说话的人来说，谁都愿意继续说下去。而如果自己用明朗的表情开始交谈，对方同样会容易倾听自己的意见。谈话中应避免以下情况，即说什么都以不耐烦的表情回答，或以阴沉的脸色勉勉强强地说话，也不应该用戏弄人的冷笑的表情说话。在社交中要懂得控制自己的感情，这也是常识性的礼貌。

克服胆怯，勇敢与上级对话

在职场中，有很多人一看到上级就底气不足、需要和上级沟通的事情能躲就躲、说起话来磕磕巴巴……造成这种情况的原因，一是因为上级本身的威严感，二是一些人因为小心谨慎，害怕自己出错误，不自觉地逃避“和上级沟通”这种容易出现漏洞的情景，久而久之，变成了“恐惧”心理。可是，如果长期缺乏沟通，不仅影响自信心，上级难以真正了解你，还很可能失去很多宝贵的机会，陷入恶性循环。

某公司的打字员小敏有一阵子受到上级冷落，尽管小敏的工作业绩非常突出。其实，小敏有几次也想去跟上级沟通，询问一下上级对她的看法，令人遗憾的是小敏始终没敢敲响上级办公室的门。直到有一天，还没到公司统一发工资的日子，公司却通知她去财务部领工资，因为她被公司解聘了。这件事儿让她百思不得其解。而真实的原因是什么呢？原来公司上级听说小敏在外偷偷搞兼职，有吃里爬外之嫌。小敏是受冤的，她根本就没有在外兼职，是同事嫉妒她业绩出众，打了小报告诬陷她。

其实，事件的情节并不复杂。造成小敏最终饮恨而去的原因看似很多，比如上级的不信任、同事的诬陷等，但是，如果小敏在感觉到问题发生的时候，能及时、主动地去跟上级沟通，弄明白原因，并予以澄清，结果就会完全不一样。然而，小敏却因为怯于跟上级主动沟通，最终含冤而去，确实让人遗憾。

这个事例告诉我们，只有主动大胆地与上级沟通，征求上级对自己的意见，及时消除上级对自己的误解，了解上级的真实意图，才能更好地工作。因此，我们要抛弃“不能与上级太多接触”的思维定式。可以告诉自己，和上级保持良好沟通，也是工作中的重要内容之一，只有获得上级的支持、把握工作方向，工作才能更加得心应手。

李开复被公认为是现今的青年创业导师。但他刚加入微软时，在开会时从不轻易开口说话，担心说错话，因为在座的都是如比尔·盖茨这样的大人物。

有一次，李开复参加了一个10多人的小型会议。比尔·盖茨召集大家共同探讨微软的改组问题，并要求每个人都要发言。

轮到自己发言时，李开复想：事到如今，与其畏畏缩缩不敢说话，不如直接说出自己的真实想法，于是他说道：“微软是世界IT（信息技术）行业的领军巨头，我们拥有智商最高的员工，效率却比任何公司都要低下。不断企图改组公司是问题的根本原因，公司上级每天想的是内部斗争，却从没有考虑过员工的感受。在这样随时可能动荡的环境下。员工根本没有心思安心工作。因而，其他公司员工的智商叠加，产出高效，而我们员工的智商在不断消减……”

他话音落后，全场鸦雀无声。之后，李开复收到很多同事的电子邮件，称赞他的胆量，说他说出了他们敢想不敢说的事实。

结果，比尔·盖茨不但没有责怪李开复，反而接受了他的建议，不仅搁置了公司的改组方案，还在与公司其他上级开会时引用了李开复的话，让大家把思维从怎样改组公司放到建设公司文化上来，让员工充分发挥才智，积极工作。

自那以后，李开复得到了比尔·盖茨更多的重视和了解，他在微软的事业轨迹也有了巨大的转变。

职场是员工表现自己的舞台，你是否有勇气说出自己的看法，能否得到上级的欣赏与重用，关键就在于你是否敢于和上级对话。李开复正是因为敢于直言，获得了比尔·盖茨的重用，为自己的事业打开了局面。

其实，在和上级说话时，人人都可能在说话前后或说话过程中出现紧张、恐惧心理；即便演说专家、能言善辩者也不例外，都是从无数次失败经验中才获得了勇气，掌握了大胆说话的技巧。那么，如何克服在上级面前说话的恐惧心理呢？按照以下几点建议去做，你就能泰然处之，游刃有余。

1. **放松自己**

有些人在说话时特别紧张，大都是由于他们说话时呼吸紊乱，氧气的吸入量减少，头脑一时陷入痴呆状态所致。

说话时发生不正常情况通常都是这样的顺序：怯场—呼吸紊乱—头脑反应迟钝—说些支离破碎的话。要克服这些不正常情况，就要学会如何调整呼吸。

说话时全身要尽量放松，静静地做几次深呼吸，吐气时可以略微用点力。这样一来，人的心里就会获得一份踏实感。

2. **不要给自己反面的刺激**

在讲话过程中还应尽量避免令自己不安的反面刺激，比如，总是设想自己会犯语法错误，或总担心自己会突然停顿下来，讲不下去了。这些反面刺激，很可能会动摇你的信心。因此，在开口时，最重要的是把注意力从自己身上移开，或集中精力听别人怎么说，避免不必要的紧张感。

3. **不断丰富和充实自己**

有时人出现紧张的原因，是由于知识领域过于狭窄，或对当前发生的事情知道得太少的缘故。假若你能经常读些课外书籍、报纸杂志、开拓自己的视野，丰富自己的阅历，你就会发现，在社交场合你可以毫无困难地表达你的意见。这将会有力地帮助你树立自信，克服紧张。

4. **主动营造说话的气氛**

如果在与上级说话时的气氛好，或者当时所谈论的话题上级感兴趣，那么上级的谈话兴致便高，回应的速率也会很快，这样就避免了自说自话的尴尬，无形中会减少在和上级说话时的恐惧感。

展示能力，向上级推销你自己

在当今社会中，有才干但没有口才的人，比起有才干又有口才的人，成功的可能性要小许多。因为一个人的才干往往是通过言语谈吐得到证实和发挥的。口才好，语言的表达能力强，就可以充分地展示自己，可以更有效地影响别人，可以提高自我的生存发展能力，可以更好地实现自我价值。

身处职场，我们需要让上级了解，让同事接受，要把我们自己对人和事的态度在他人面前展现出来，实质上这也是在推销，也就是说，我们每时每刻都在推销自己，推销得是否好，也就决定着自己是否成功。在推销自己时，口头表达得好，效果也就很好，也很容易让人接受。所以，有一个好口才是非常重要的。好口才，是把人推向成功的关键，也是成功者的共同特点。

在工作中，你不应仅是一个伟大的“制造商”，善于生产社会最需要的产品，而且还应是一个伟大的推销员，善于使人认识和接受自己的产品，把自己“推销”出去。

东方朔是东汉时期的一大文豪，深受汉武帝器重，而他之所以被重用就是由于他成功的自我推销。他刚入长安时，向汉武帝上书，就用了三千片木椟，公车令派两个人去抬才勉强能抬起来。汉武帝用了两个月才把它读完。东方朔在奏章中一点也不忌讳地说了自己一大堆优点，称自己是个不可多得的人才。皇帝看完他的奏章，心动不已，但怀疑他是在夸夸其谈，所以没有马上重用。

东方朔并没有灰心，而是另辟蹊径向皇帝推销自己。当时，与东方朔并列为郎的侍臣中，有不少是侏儒，东方朔就吓唬他们，说皇帝嫌他们没用，要全部杀死他们。侏儒们吓坏了，禀告皇帝，皇帝便诏问东方朔为何要吓唬他们。

东方朔见机会来了，就说："那些侏儒不过三尺，俸禄是一口袋米，二百四十个铜钱，我东方朔身长九尺有余，俸禄也是一口袋米，二百四十个铜钱，侏儒饱得要死，我却饿得要死。陛下要觉得我有用，请在待遇上有所差别；如果不想用我，可罢免我，那我也用不着在长安城要饭吃了。"

皇帝听了大笑，决定马上提高他的待遇。

东方朔之所以一直是皇上面前的红人，靠的就是他的自我推销的艺术。

卡耐基说："生活就是一连串的推销，我们推销商品，推销一项计划，我们也推销自己，推销自己是一种才华，一种艺术。当你学会推销自己，你几乎就可以推销任何有价值的东西。"可见，学会推销自己是每个人必不可少的一门学问。

生活中，我们每个人都需要推销自己，因为这是体现自己人生价值的需要。不论你从事何种职业，你随时都在向别人推销自己的观点和意见，这是展示自己，和吹嘘完全不同。被人认可、接受、欣赏，这更是一种价值的体现，你的言谈举止、社交礼仪、学识修养的展示，不仅使人对你产生深刻的印象，也使你能更有效地改进自己，顺应高速发展、竞争激烈的现代社会。这就是成功地推销了自己的结果。

但很多人由于传统观念的根深蒂固，有一种极其矛盾的心态和难以名状的自我否定、自我折磨的苦楚。在自尊心与自卑感冲撞下，他们一方面具有强烈的表现欲，一方面又认为过分地出风头是卑贱的行为。但在竞争激烈的今天，想做大事业，必须放弃那些不痛不痒的面子。常言道："勇猛的老鹰，通常都把它们尖利的爪牙露在外面。"巧妙地推荐自己，是变消极等待为积极争取，引起上级注意和重视，加快自我实现的不可忽视的手段。

有位大学生小周见到某家公司的老总，想向老总推销自己。但是，这位老总经验丰富，且又固执己见，根本没有把这个刚刚毕业初出茅庐的大学生放在眼里，没说上几句话，老总就一口回绝这位大学生说："你可以走了。"

对于小周来说，会谈出现了不利的局面。但是他眉头一皱，计上心来。他像毫不在意似的轻声说："老总的意思是，贵公司人才济济，足以使自己的公司在市场上立于不败之地。纵然外边的人有天大的能耐，也不需要利用。何况像我这样初出茅庐的小青年还不知道能干些什么，如果使用我这样的人，也许会给公司带来麻烦，与其这样，倒不如拒我于门外，是吗?"小周说到这儿，有意停顿下来，只是面带笑容地看着老总。

老总一愣，开口说话了："你能谈谈自己的特长和想法吗?"

小周显得不紧不慢，对老总说："对不起！刚才我太唐突，请原谅！不过，像我这样的人还可以谈谈吗?"

老总紧接着说："当然，不用客气。"

本来，小周素质不错，准备也颇为充分，借着老总的话，从容不迫地说："在学校里所学的专业与职业结合起来是种幸福，可现实中并不一定找到对口的工作。但人具有可塑性，只要头脑灵活，什么新鲜事都可以做。公司想减少培训员工成本，希望员工一上岗就能创造效益，所以我要发挥自己的特长就不是那些书本知识了，而是——我发表过一些文章，可以搞企业宣传；我善于交际，可以做业务。"

老总一边听，一边赞赏地点头，最终决定留下这位大学生。

我们之所以要主动推荐自己，引起别人的关注，主要是因为机遇是珍贵的、稀缺的、稍纵即逝的，如果你能比同样条件的人更为主动一些，机遇就更容易被你掌握。因此，主动出击是俘获机遇的最佳策略。另外，世界上总是伯乐在明处，"千里马"在暗处，并且"千里马"多而伯乐少。伯乐再有眼力，他的精力、智慧和时间都是有限的，等待可能会耽误你的一生。既然我们都知道"守株待兔"的行为是愚蠢的，那么我们就没有必要去等待"伯乐"的出现，而是应该主动地寻找伯乐。更值得注意的一点是，时代在前进，岁月不饶人，随着新人辈出，每个立志成才者都应考虑到自己所付出的时间成本。一次机遇的丧失，便可导致几个月、几年甚至是一辈子年华的白白浪费。明白了这个道理，我们就会产生一种紧迫感，重新思考自己的处世态度，在行动上更多几分主动，以便使更多的人来注意自己。

但是，毛遂自荐对很多人来说并不是一件简单的事情，这是需要一定的胆识和勇气的。不自信的人、害怕失败的人是不敢尝试的。只有具备勇气的人才能获得成功。所以，如果你真正是一个有才华有特长的人，关键的时候大可不必过分压抑自己，要适时向上级做好自我推荐，以求得发展的机遇。

先声夺人，用美妙的声音打动上级

“余音绕梁，三日不绝。”声音是语言的载体，声音动听，可以给人一种美的享受，使别人都爱听自己所说的话，所以我们在谈话的时候，要注意使自己的声音富有感染力，这样才能够打动别人。与上级说话也要注意这一点。

有一句民间谚语说得好：“嗓音好，是个宝；嗓音坏，事业败。”嗓音——更准确地应该说是一个人说话的声音、语音，对于这个人在职场里成功与否是一个成败攸关的因素，对其事业的开展有着重要作用。

英国教育社会学家格莱斯顿，在评论大多数人不能实现自己的理想目标的原因时说，“99％的人不能出类拔萃是因为他们忽略了对嗓音的训练，他们认为这种训练不具有任何意义。”

有个女孩大学毕业时，应聘几家外资企业都惨遭碰壁。原因是她讲话、说笑总是用很大的嗓门。一家外资公司人力资源主任认为，声音很重要，它是文化素养的一种综合体现，有时候它比容貌更重要，因为公司的很多工作都是通过电话联络的，你和客户见面的机会倒并不很多。所以，她希望她的员工不但要有优雅的仪态，还要有优美的声音。

小芳和小丽同在一个国家机关事业部门做了几年的打字录入员，小芳性格活泼好闯，小丽性格文静勤勉而内向，她们两人都想锻炼自己、有所开拓，先后离开了原先的稳定工作。小芳觉得直接找贸易公司做代理最实惠，托朋友关系先后找了几家贸易公司实习，看能留在哪家；而小丽却感觉自己最欠缺与人说话交流的能力，先后到两个公司打工，并主动要求学做电话销售服务，从中她练习说话的合适状态、调整了自己的话语声音；一年后，小丽被一家中等规模且颇为规范的技术开发公司聘为总经理助理，负责协调内外联络，而一心想做代理的小芳却还迟迟没有着落。

声音是修养和优雅的体现。职场中，一个人的声音常常比思想更重要。一个音色柔美动听的人，很容易被上级接受。所以，每个人都应该像训练形体一样去训练声音，这能增加自信，赢得上级的喜爱。

一个人的声音虽然是天生的，但是并非不能改变。声音是可以训练的，这跟人的形体一样。通过平时的练习，可以让声音更加充满韵味。很多播音员、歌唱家的声音都是训练出来的。东方的著名女性靳羽西在刚开始当电视主持人的时候，也是通过练习，逐渐地掌握了说话的技巧。我们不需要像专业主持人那样，达到纯正、专业的普通话标准，但是需要在发声上多注意。要注意控制气息、音色、音量，言谈中要口齿流利，就能塑造出优雅迷人的形象。所以，如果你要想自己的声音优美动听，需要注意以下几点。

1. 咬字清楚，层次分明

俗话说："咬字千斤重，听者自动容。"说话最怕咬字不清，层次不明，这么一来，不但对方无法了解你的意思，而且会给别人带来压迫感。要纠正此缺点，最好的方法就是练习大声的朗诵，久而久之就会有效果。

2. 说话的快慢运用得当

说话速度不要太快或太慢，应追求一种有快有慢的音乐感。在主要的词句上放慢速度以示强调，在一般的内容上稍微加快变化。无变化的声音是单调的，如同催眠曲，令人进入精神抑制状态。

3. 注意控制说话的音量

我们每个人说话的声音大小有其范围，声音过大，会让人感觉你是一个无礼的人、鲁莽的人。声音过小，往往会影响交流。应该找到一种大小最为合适的声音来和别人交谈。说话的音量也应随着内容和情绪的变换而变换，时而侃侃而谈，如淙淙流水；时而慷慨激昂，似奔泻的瀑布。在不同声音段里，要有高潮、有舒缓、有喜忧，才能引人入胜，扣人心弦。

4. 注意控制说话的音调

说话时，音调的高低也要妥善安排，借此引起对方的注意与兴趣。任何一次的谈话，抑扬顿挫，速度的变化与音调的高低，必须像一支交响乐团一样，搭配得宜，才能成功地演奏出和谐动人的乐章。

说话真诚，上级更容易对你有好感

在工作中，员工要赢得上级的肯定和支持，最重要的一点就是要让上级能感受到你的真诚。

真诚是沟通心灵的最好方式，把话说到对方的心里，调动对方的感情让对方产生共鸣，这就达到了心灵沟通的效果。

无数事实证明，真正打动人心的讲话并不在于说得多么流畅，多么滔滔不绝，而在于是否善于表达真诚。如果你能够用得体的话语表达出你的真诚时，你就赢得了对方的信任，建立起人与人之间的信赖关系，对方也可能由信赖你的人进而喜欢你说的话。

某公司老板最近迷上了打篮球，一连几个周末他都泡在了篮球场。这还不算，这一天他突发奇想，要把公司的停车场改建成篮球场，以方便随时打篮球。他的这一想法一提出，员工们在心里就产生了不满之情。因为这不但会涉及公司资金的周转问题，还会给员工的上下班带来不便。所以，对于老板的这个想法，员工们基本上都是持反对意见，可是大家都只是敢想不敢说，害怕惹怒了老板。

刘东作为老板的秘书，他觉得自己有义务向老板反映这个情况，以免老板强制执行这个想法，会招来员工们的极大不满。

这天，趁着下班的空隙，刘东走进老板的办公室。

刘东："老板，我知道您一向是个乐于纳谏的好上级。我现在有个建议，不知道您想不想听？"

老板："哦，是吗？说来听听。"

刘东："我知道您想把停车场改建成篮球场，是为了方便大家在下班之余放松身心，同时达到锻炼身体的目的。可是这样一来，有可能产生一些麻烦。"

老板：“什么麻烦？”

刘东：“您也知道，公司最近的资金周转有些困难，恐怕没有多余的资金来改建篮球场了；而且停车场一旦改成了篮球场，这会给员工们的停车带来极大的麻烦，这也不利于员工们的正常上下班工作啊。其实您喜欢打篮球，可以到公司附近的篮球馆去打，这样既满足了您的需求，也不会给公司带来其他影响了，您觉得呢？”

老板思索片刻后说：“嗯，你说得挺对的，那就不改建篮球场了吧。”

刘东通过自己真诚的话语，让老板感受到了对他的尊重和负责，从而让老板乐于纳谏，老板对他的好感也更添一分了。

有些人常常抱怨，自己的建议全是肺腑之言，只差把心掏出来，上级就是听不进去。原因大概在于你讲道理时没有设身处地为上级着想，没有使上级真切地感到你完全是出于善意和关心，因而也就不能打动上级的心。所以，我们不妨学习和借鉴上例中刘东的做法，在和上级说话时从公司和上级的角度出发，让上级充分感受到你的话语是真诚的，是为了公司的发展考虑的。这样一来，上级自然会对你产生信任和好感。

余立伟是一家贸易公司的业务员。近来，他发现每次向业务主管汇报工作方案并征求其意见时，业务主管总让他自己去找解决办法。可是，余立伟的方案常常不是业务主管想要的。更让余立伟烦恼的是，别的部门有意见，业务主管却在会议上大声责怪他的不是。后来，余立伟的几次工作计划提案都遭到了业务主管的否定和拒绝。这时的余立伟真的不知道他的上级到底想要的是什么，他感到了无助和恐惧，觉得自己快要被炒鱿鱼了。

经过几番思索，余立伟采取了新的策略，他决定跟业务主管进行一次开诚布公的谈话。在一个恰当的时候，他敲开了上级的门，表示自己最近有一些思路要向主管汇报。在得到上级同意后，他告诉上级，他很喜欢这个工作，很热爱公司，并且很期望在上级的带领和支持下提高自己的能力，为上级多分担一些责任和任务。接下来，余立伟诚恳地谈到了最近发生的几件事情以及自己的困惑，希望上级能真心地帮助自己，并给自己今后的工作方案之类的东西以更为明确的指示和指导。听到这时，上级明白了余立伟的来意，于是就说：“你每次让我给你提建议时总是笼统地问这个计划行不行、那个问题怎么解决，由于我不在第一线，所以没办法给你具体的指导，只好叫你自己去找办法了。”

这次开诚布公的面谈让余立伟明白了自己与上级沟通不畅的症结所在。他知道是自己真诚自然的表达让上级了解了自己。这时，他一下子感觉到了工作的轻松，原来的困惑与不安都被抛到了九霄云外。

通过与上级诚恳地交流，余立伟知道了真诚也是沟通的一种技巧。当他诚恳地要求主管上级一步一步、仔细具体地告诉他正确的做法和方向时，上级也进入了角色。这样一来，无论对余立伟、对上级还是对公司都是大有好处的。

与上级交谈，贵在真诚。只有用一颗真诚的心与上级交往，才能换来彼此的心灵相通，驱除人为的隔膜，坦诚以待。

有诗云：“功成理定何神速，速在推心置人腹。”只要你与人交流时能捧出一颗恳切至诚的心，一颗火热滚烫的心，怎能不让人感动？怎能不动人心弦？白居易曾说过：“动人心者莫先乎于情。”真诚的语言，不论对说者还是对听者来说，都至关重要。说话的魅力，不在于说得多么流畅，多么滔滔不绝，而在于是否善于表达真诚。最能赢得人心的人，不见得一定是口若悬河的人，而是善于表达自己真诚情感的人。

路遥知马力，日久见人心，真诚以待是需要时间来证明的。所以，从现在起，请用你的真诚对待你的上级，让你的上级透过话语感受到你的真诚，总有一天你会得到上级真诚的回馈。

富有特色的自我介绍，让上级记住你

自我介绍是社交活动中常用的一种口语表达方式。在日常生活和工作中，人与人之间需要进行必要的沟通，以寻求理解、帮助和支持。自我介绍是最常见的与他人认识、沟通、增进了解、建立联系的方式。特别是对职场人士来说，经常需要与上级、同事及客户等打交道，谦和得体的自我介绍，能够让对方记住自己、对自己留下良好的、深刻的印象，从而更好地进行社交活动，在职场中，自我介绍是向上级展示你自己的一个重要手段，自我介绍好不好，直接关系到你给上级的第一印象的好坏及以后交往的顺利与否。很多员工在向上级介绍自己时，千篇一律都是这样的模式“我叫……毕业于某某学校、某某专业……”然而相似的背景比比皆是。假如同时聘用十位员工，每一位员工都是如此介绍自己，上级恐怕是想记住也很困难。自我介绍的目的是要让上级快速地认识并记住你，这就需要你说出去的每一句话都要有自己的特色。

著名作家张恨水有一次应邀到成都大学作演讲，他是这样开头的：今天，我这个“鸳鸯蝴蝶派”作家到大学里演讲，感到很荣幸，我取名“恨水”不是什么情场失意，我取名“恨水”是因为我喜欢南唐后主李煜的一首词《乌夜啼》：“林花谢了春红，太匆匆！无奈朝来寒雨晚来风！胭脂泪，留人醉，几时重？自是人生长恨水长东！”我喜欢这首词有“恨水”二字，我就用它作为笔名了。

面对陌生的学子，张恨水以解释自己的名字为开场白，短短的几句话既澄清了听众心中的迷雾，也使这些青年学生为大作家的淳朴、坦率而折服，“张恨水”这三个字可能会一辈子印在他们的脑海里，真可谓一举两得。

有10位大学毕业生在一家公司实习。公司承诺，实习期满后将留下其中3名优秀者。有一个叫邢云的女孩子，相貌平平，工作能力一般，常常是做一些打杂的工作。一次，她在电梯里遇到公司的总经理，心里咯噔了一下，但很快便恢复了镇定。微笑地面对总经理道：“您好！总经理。我是实习生刑云，提刑官的‘刑’，云朵的‘云’，谐音‘幸运’。您是我学习的楷模，能在贵公司实习是我的幸运，我也相信我的存在能给公司带来更好的运气。因为我叫‘幸运’。”一席话，不卑不亢，坦然自若。总经理看了看眼前人，笑着点点头：“我们也拭目以待。”

实习结束后，果真留下了3个人，刑云便是其中一个。之后的一天，刑云第二次见到总经理时，意外的是总经理还能记得住她，并告诉她：“你能留下，是因为我想看看这个叫‘幸运’的年轻人能给我们带来怎样的好运。”

职场上，你没有才华、不聪明不要紧，但你一定要会说话。人常说：良好的开始是成功的一半。好的自我介绍，可以营造出一个和谐的交流氛围，更能加深上级对你的记忆。

自我介绍是一个人的“亮相”，要想让上级记住你就从此时开始。那么，应该怎样作自我介绍呢？我们提出了几点建议：

1. **注意内容**

自我介绍的内容，通常包括本人姓名、年龄、籍贯、学历、简历、特长、兴趣等。至于是否要“和盘托出”，你可根据场合、时限和对方的需要等作出恰当的判断，尽量使介绍能满足对方的期待。

2. **简明扼要**

自我介绍时措辞应简明扼要，抓住重要信息，准确定位并阐述。上级没有那么多时间听任你唠叨，否则，你只会讲得越长，形象越模糊。

3. **讲究态度**

进行自我介绍，态度一定要自然、友善、亲切、随和。应落落大方，彬彬有礼。既不能唯唯诺诺，又不能虚张声势，轻浮夸张。进行自我介绍要实事求是，真实可信，不可自吹自擂，夸大其词，语速要正常，语音要清晰。

4. **注意方法**

进行自我介绍，应先向上级点头致意，得到回应后再向上级介绍自己。自我介绍时，应善于用眼神表达自己的友善，表达关心以及沟通的渴望。

底气十足，充满自信地说话

一个人有没有自信，是完全可以通过说话判断出来的。如果你能把自己的想法或愿望清晰、明白地表达出来，那么说明你的内心一定具有坚定的信心和明确的目标，同时你充满信心的话语也会感染他人，吸引他人的注意力，还会对你的事业发展有着巨大的推动作用。

小泽征尔是世界著名的交响乐指挥家。在一次世界优秀指挥家大赛的决赛中，他按照评委会给的乐谱指挥演奏，敏锐地发现了不和谐的声音。起初，他以为是乐队演奏出了错误，就停下来重新演奏，但还是不对。他觉得是乐谱有问题。这时，在场的作曲家和评委会的权威人士坚持说乐谱绝对没有问题，是他错了。面对一大批音乐大师和权威人士，他思考再三，最后斩钉截铁地大声说："不！一定是乐谱错了！"话音刚落，评委席上的评委们立即站起来，报以热烈的掌声，祝贺他大赛夺魁。

原来，这是评委们精心设计的"圈套"，以此来检验指挥家在发现乐谱错误并遭到权威人士"否定"的情况下，能否坚持自己的正确主张。前两位参加决赛的指挥家虽然也发现了错误，但终因随声附和权威们的意见而被淘汰。小泽征尔却因充满自信而摘取了世界指挥家大赛的桂冠。

看吧，这就是自信的力量！一个人只要有了自信，就能够做好他想做好的一切事情，他不会怀疑和否定自己，相反，他会坚持自己的观点，勇往直前，寻找一切有利的资料，去证明、去说服别人。这就是自信。

自信的人一般都比较善于表现自己，这一点在语言表达方面表现得更为突出。一个人只要有信心，就可以在公众场合做到侃侃而谈，口吐莲花。同时，良好的口才反过来又能增强一个人的自信，提升他的自我成就感，让他在职场中尽情发挥自己的语言魅力，成就美好人生。

在美国爆发经济危机那年，许多公司都在裁员，而此时，有个青年刚从大学毕业，想到当地一家大百货公司找一份工作。他带有一份介绍信，这是他的父亲写给当年的大学同学——百货公司经理的。

经理读了介绍信，对年轻人说："我本来可以给你找个工作干干。令尊是我大学里最要好的朋友之一，每年校友联欢会上，我都期望见到他。可不巧的是，你这个时候来，真是再糟糕不过了。好长时间以来，我们生意一直亏本，除了最必需的人员，我们不得已把所有的职员都解雇了。"

这所大学的许多毕业生都来这家百货公司找工作，得到的全是同样的答复。

一天，又有一个学生说起他要到百货公司寻个差事，同伴们不禁哄笑起来，说他纯粹是浪费时间。

但这个小伙子自有主意，他相信自己有能力得到一份工作。他手上没有什么介绍信，进了商店就径自来到经理办公室的门口，他并不是来找工作的。他请人送进去一张条子，字条上写着：“本人有一个主意，可帮你从大萧条中解脱出来。可否与你一谈？”“请他进来！”公司经理命令道。

小伙子进去后马上转入正题：“我想帮你开办大学专柜，向大学生销售服装。本校16000名学生，人数年年都有所增长。批发衣服我虽然一窍不通，但我懂得这些学生喜欢什么。让我帮你开办会受大学生欢迎的专柜，我可以向他们宣传，吸引他们来这里买衣服。”

没过多久，这家百货公司果真办起了大学专柜，新颖的款式吸引了一批又一批大学生涌入百货公司，公司很快就生意兴隆，发了大财！不用说，这个小伙子成了公司的雇员。

我们不排除这个小伙子的成功与他非凡的个人能力有关，但重要的是，他十分相信自己，进而赢得了经理的信任，并给予了他一个机会。所以说，如果不是他相信自己，纵使他有多强的能力，也得不到经理的信任。

自信的语言是一种人格的魅力。没有信心，人们就无法开展有效的交流。而能否保持自信，能否有效地开展交流，决定了你能否拥有成功的事业。个人成就的大小，回报率的高与低，将直接与你说话的自信度成正比。大凡有所成就的人，他们对自己了解相当清楚，并且肯定自己，他们的共同点是说话十分自信。

以下是建立自信的几种方法：

1. 学会自我激励

学会自我激励，要给自己一个习惯性的思想意念。别人能行，相信自己也能行；其他人能做到的事，相信自己也能做到。平时要经常激励自己：“我行，我能行，我一定能行。”“我是最好的，我是最棒的。”特别是遇到困难时要反复激励告诫自己。这样，就会通过自我积极的暗示机制，鼓舞自己的斗志，增加心理力量，使自己逐渐树立起自信心。

2. 当众发言

在组织或团队会议中，很多人从来不发言，因为他们害怕别人觉得自己说的话让人觉得他们很笨。其实，这种恐惧的想法并不对。一般而言，人们的承受力比想象的更强。事实上，大多数人都在和同样的恐惧作斗争。只要努力在每个会议中大声说出自己的想法，你就可能成为一个更好的发言者，对自己的想法也会更自信。所以，不论是参加什么性质的会议，每次都要主动发言，也许是评论，也许是建议或提问题，都不要有例外。而且，不要最后才发言。要做破冰船，第一个打破沉默。也不要担心你会显得很愚蠢，不会的。因为总会有人同意你的见解。所以不要再对自己说：“我怀疑我是否敢说出来。”

3. **昂首挺胸走路**

不但你的声音要充满自信，你的形体姿态也应充满自信。一个腰板笔直、衣着得体、生机勃勃的人和一个耷着肩膀、衣着邋遢、不苟言笑的人相比，哪个更受人尊重和欢迎呢？答案不言自明。而且，形体的自信会强化自己的语言自信，帮助自己建立良好的自我感觉，越来越信心满满。

4. **提升自己的外在形象**

俗话说“人靠衣装马靠鞍”，一身光彩的衣着，是你建立自信的基础。一套笔挺的西装会使得一个男子汉庄重起来，一袭长裙会使得一个女性的举手投足都显得亮丽、迷人。因此，漂亮的仪表能够得到别人的夸奖和好评，提高人的精神风貌和自信心。所以，平时要学会多注意自己的仪表，保持发型美观，衣着整洁、大方。当你的仪表得到别人的夸赞时，你的自信心一定会油然而生。

技巧②

真诚赞美，赢得上级的好感

赞美是人们对美好事物、美好行为的褒扬性评价。美国著名心理学家威廉·詹姆斯说：“人类本性上最深的企图之一是期望被赞美、钦佩、尊重。”大多数人都是喜欢受到赞美的，上级也不例外。不要以为上级每天保持严肃的面孔就不希望受到表扬，他们对于赞美的敏感程度更胜于普通人。他们不但能接受赞美，而且能判断赞美中所包含的真诚的分量，乐于接受下属真诚的、发自内心的赞美。善于赞美他人的人是聪明人，善于赞美上级的下属是聪明的下属。

巧妙赞美，拉近与上级的距离

在职场中，与上级相处是一门奇妙的艺术，要想与上级和谐融洽地打交道，离不开对上级的捧赞。这当中也有很大的学问。

赞美上级是一门比较特殊的艺术，如能适宜地赞美上级，就会增加你与上级之间的感情，缩短与上级之间的距离。但在现实生活中，有很多人认为称赞上级就是巴结讨好、拍马溜须，而想对上级真诚地赞美却不能正大光明，反而被投机钻营者用去升官发财了。其实赞美上级也是对上级的认可、支持和褒扬，是搞好上下级关系的“润滑剂”。没有哪一位上级不喜欢听赞美的话。

乾隆皇帝喜欢在处理政事之时品茶、论诗，对茶道颇有见地，并引以为荣。有一天，宰相张廷玉精疲力竭地回到家刚想休息，乾隆忽然来造访，张廷玉感到莫大的荣幸，称赞乾隆道：“臣在先帝手里办了 13 年差，从没有这个例，哪有皇上来看下臣的！真是折煞老臣了！”张廷玉深知乾隆好茶，命令把家里的陈年雪水挖出来煎茶给乾隆品尝。乾隆很高兴地招呼随从坐下，“今儿个我们都是客，不要拘君臣之礼。生而论道品茗，不亦乐乎？”水开时，乾隆亲自给各人泡茶，还讲了一番茶经，张廷玉听后由衷地赞美道：“我哪里懂得这些，只知道吃茶可以解渴提神。一样的水和茶，却从没闻过这样的香味。”另一位大臣李卫也乘机称赞道：“皇上圣学渊源，真叫人瞠目结舌，吃一口茶竟然有这么多的学问！”乾隆听后心花怒放，谈兴大发，从“茶乃水中君子、酒乃水中小人”开始论起“宽猛之道”。真是妙语连珠、滔滔不绝，众臣洗耳恭听。乾隆的话刚结束，张廷玉赞道：“下臣在上书房办差几十年，两次丁忧都是夺情，只要不病，与圣祖、先帝算是朝夕相伴。午夜扪心，凭天良说话，私心里常也有圣祖宽，世宗严，一朝天子一朝臣这个想头。我为臣子的，尽忠尽职而已。对陛下的旨意，尽力往好处办，以为这就是贤能宰相。今儿个皇上这番宏论，从孔孟仁恕之道发端，譬讲三朝政纲，虽然只是 3 个字‘趋中庸’，却发聋振聩，令人心目一开。皇上圣学，真是到了登峰造极的地步。”其他人也都随声附和，乾隆大大满足了一把。张廷玉和李卫作为乾隆的臣下，都深知乾隆对自己的杂经和“宏论”引以为豪。而张李二人便投其所好，对其大加赞美，达到了取悦皇帝的目的。

赞美上级是与上级搞好关系的“润滑剂”。赞扬与欣赏上级的某个特点，意味着肯定这个特点。只要是优点、是长处，你可毫不顾忌地表示你的赞美之情。上级也是人，也需要从别人的评价中，了解自己的成就及在别人心目中的地位，当受到称赞时，他的自尊心会得到满足，并对称赞者产生好感。

其实，在每个人的内心深处都渴望被恭维、被赞美，当没有人恭维时，我们会感到很失落，但恭维过了头，我们又感到羞愧难当，而恭维不恰当时，我们会很难堪。所以，赞美上级要掌握方式方法，否则不但达不到意想的效果，还会弄巧成拙。

一个公司的职员小张在做好自己本职任务的同时，在工作之余结合自己工作实践写了一篇文章，他这样称赞自己的上级：“您在企业工作真是一个错误的选择，如果你专门研究经营管理，我相信你一定会成为商务管理的专家，会有更加突出的成果问世。”

上级看完小张的一席话，不满地说：“你的意思是说我不适合做公司的总经理，只有另谋他职了。”见总经理产生了误解，本来想给总经理“戴高帽”的小张吓得头冒虚汗，连忙解释说：“不，不，不，我不是这个意思，我是说……”

还是秘书过来替小张打个圆场，说道：“小张的意思是说您是个多才多艺的人，不仅本职工作抓得好，其他方面也非常出色。”

可见，同是称赞一个人，称赞一件事，不同的表达方法，收到的效果却完全不同。所以，称赞上级要注意方式、方法，否则不仅没有达到赞美的效果，上级不喜欢听，还容易得罪上级。

赞美上级时一定要真诚。赞美上级绝不是刻意吹捧、阿谀奉承，更不是言不由衷、虚情假意。否则，只会让上级感到肉麻，同时也折射出吹捧人背后可能隐藏着某种不良的动机。真诚的赞美应该是对上级的优点由衷欣赏和认可，并且是针对上级的某种具体业绩和行为来展开的。让赞扬成为一种尊重上级的方式，一种肯定上级的态度，这样的赞扬才能真正有效。

某新闻出版局的李局长率领参观团到某印刷厂调查研究，该厂厂长亲自出来迎接。参观团的张秘书抢在前头把李局长介绍给对方，说道："这就是你们盼望已久的李局长，80 年代的印刷劳模，是印刷业的行家。因为惦记着印刷业的发展，特地选择了贵厂来参观学习。"印刷厂厂长听了赶紧上去握手，道："欢迎李局长屈驾卑厂，我们应当向您这个印刷劳模学习才是。"接洽非常成功，张秘书的几句话起的作用非常明显，使大家感觉到李局长来参观确实会起到很大作用，他不是来吃吃喝喝的。

赞美是一种艺术，如果运用得当，自然会取得意想不到的效果。为什么有些人赞美人总感觉像是在拍马屁，让人感觉不舒服，而有的人则往往能把话说到人的心坎里，让人感觉到对自己的赞美既动听又真诚，这就是赞美方法的区别。

在职场中，如果你想出人头地，赢得上级的青睐，可以有很多种方法，但赞美上级是成为一个受欢迎的人的必备手段，是建立良好人际关系的基石，更是事业成功的良性催化剂。

背后赞美，让好话传到上级的耳中

赞美的奥妙和魅力是无穷的。在赞美一个人时，不同的方式所起到的效果也是不一样的。最有效的还是在背后赞美他人。正如罗斯福的副官布德所说："背后颂扬别人的优点，比当面恭维更为有效。"

真诚坦白地直接赞美别人，固然能取得效果，但是背后赞美则能收到更好的效果。据国外心理学家调查，背后赞美的作用绝不比当面赞扬差。此外，若直接赞美的力度不足会使对方感到不满足、不过瘾，甚至不服气，过了头又会变成恭维，而用背后赞美的方法则可以缓和这些矛盾。因此，有时当面赞扬不如通过第三者间接赞扬效果好。因为那样的赞美更真实，是真正发自内心的，聪明的人总是善用这一技巧。

林肯担任美国总统时，与国防部长埃德温·斯坦顿在政事观点上素有不合。斯坦顿常常在背后骂林肯是该死的傻瓜，愚不可及，甚至称他是"原始的大猩猩"。

当有人将这些出言不逊的话告诉林肯时，林肯非但没有生气，反而心平气和地说道："如果他对我的评价是个该死的傻瓜，那么，很可能我就是像他说的那样。我深知他的为人，他办起事来总是非常认真，而且他说过的话，也十有八九是正确的。"

林肯这番以德报怨的话，很快就传到了斯坦顿的耳朵里。他深受感动，非常诚恳地向林肯表达了自己的歉意。在那以后，林肯和斯坦顿的关系逐渐变得亲密无间。

当听到斯坦顿谩骂和诋毁的传言时，林肯没有当面指责对方，而是通过对其办事能力的肯定表明自己的信任，巧妙地化解了对方的敌意，同时促使对方认识到自己的错误。从这里，我们可以看出林肯可谓深谙说话之道。背后赞美不"涉嫌"阿谀奉承，而且有时还能化解两个人之间的恩怨。因此，当我们想赞扬一个人时，就不妨背后多说说他的好话。

通常，当面说好话，会被人误以为有讨好、恭维之嫌，特别是当着同事和上级的面说上级的好话，更会让人觉得你有阿谀奉承之意，甚至让人怀疑你的动机；但背后说好话则不同，通过第三者的"传话"，会让上级感受到你的赞扬是真诚和发自内心的，从而增加对你的好感。

有一位员工与同事们闲谈时，随意说了上级几句好话："咱们经理这人真不错，处事比较公正，对我的帮助很大，能够为这样的人做事，真是一种幸运。"

这几句话很快就传到了经理的耳朵里，经理心里不由得有些欣慰和感激。

而那位员工的地位也在经理心里上升了。就连那些"传播者"在传达时，也忍不住对那位员工夸赞一番："这个人心胸开阔、人格高尚，难得！"

由此可以看出，背后说上级的好话，远比当面恭维上级或说上级的好话效果要明显好得多。不用担心，我们在背后说上级的好话，很容易就会传到对方耳朵里去的。

在背后赞美别人，更让人受用，更加深入人心，背后赞美的作用绝不比当面赞美差。有时当面的赞美如果没有把握好度，反而会适得其反，而背后赞美则可避免这些缺陷。因此，与其当面赞美会遇上"吃力不讨好"的事情，还不如背后赞美来得更"安全"，更"实在"些。

刘鑫在一家教育培训机构工作，她的主管李女士是一个30出头的女人，精明能干。有一次，上级检查之前联系厂家定做的教具样品，觉得非常不满意，无论从材质、款式、色彩还是从质量上都比要求的低一个档次。送货的厂家代表却认为他们生产的东西是按照当初的标准定的，没有问题。上级并没有对送货人员大声斥责，非常冷静地将这件事圆满地处理了。

事后，目睹了全程的刘鑫对邻桌的同事说："李姐真是厉害，一下子就把事情解决了。什么时候我能像李姐那样有能力、有魄力就好了！"

过了几天，上级将刘鑫叫到办公室，微笑着问她："你愿不愿意接一个非常难做但是很锻炼人的项目？"刘鑫非常惊讶，要知道，她之前做的都是一些打杂性质的工作，这次的机遇真是一个惊喜。她连忙说："您信任我才会考虑让我做这个项目，如果我接了这个项目，一定全力以赴！"

刘鑫离开办公室之前，上级开玩笑道："放开胆子干，有什么不懂的就问我，多锻炼锻炼，你也能像我一样有魄力！"刘鑫这才知道上级培养自己的原因。

在背后说别人的好话，会被人认为是发自内心、不带私人的动机。其好处除了能给更多的人以榜样的激励作用外，还能使被说者在听到别人"传播"过来的好话后，更感到这种赞扬的真实和诚意，从而在荣誉感得到满足的同时，增强了上进心和对说好话者的信任感。

在职场，背后赞美上级往往比当面赞美更让对方觉得可信。因为你对着其他人赞美上级，一传十，十传百，你的赞美迟早会传到被赞美者的耳朵里。这样，你赞美的目的也就达到了。如果你想让上级增加对你的好感，就学会在背后赞扬他吧！

恰到好处，赞美上级有讲究

人之天性是好听赞美之词，上级也是人，同样不能例外。通常，上级口头上会表示出极其厌恶员工拍马屁的样子，但他们同时也承认，来自员工的溢美之词偶尔也会让自己很开心。

上级与员工的关系不是以情感为基础的，是建立在工作与利益基础之上的，这就使得员工对上级的称赞不同于对其他类别的人的称赞。上级与员工的关系往往是一对多的关系，使得员工们与上级之间的距离存在着一个“争”的问题，上级与每个员工的距离也不可能完全是等距离的，这就需要在赞美上级时要把握好称赞的技巧。

每个上级都有自己的具体情况，如经历、喜好、思想倾向等，有人称赞上级时，动机和想法都是好的，但却看不出受赞扬后有什么积极的反应，甚至有时对自己的称赞表现出反感。

春节将至，某公司经理决定发给每个职工500元过节奖金。员工陈小姐高兴地跳起来，对经理说：“太好了，你想的真周到，我正好手头上缺钱用，这下子可派上用场了！”经理听后不但没有高兴起来，反而觉得陈小姐是个很自私、狭隘的人。而另一位员工张小姐却是这样称赞经理的：“经理，不是我奉承你，大家都在暗地里对你翘大拇指，说您真会关心、体谅人，跟着您干算是找准头了！”

同样是称赞的话，却产生了不同的效果。可见，赞美上级要注意方式、方法，否则不仅没有达到赞美的效果，上级不喜欢听，还容易得罪上级。

赞美实在是一门微妙的艺术，赞美上级时，有以下讲究。

1. 赞美上级要不卑不亢

有人认为活着就是为了升官发财、荣光耀祖，就需要借助别人尤其是上级的力量，而溜须拍马是最容易赢得上级青睐的方法，因此不择手段，以丧失人格和尊严为代价换取一时的利益，实在不可取，也是与上级相处的忌讳。

不卑不亢是称赞上级的原则，也是关系到人格和尊严的问题。

2. 赞美上级要有针对性

要选择上级最喜欢或最欣赏的事和人加以赞美。卡耐基说：“打动人心的最佳方式是谈论他最珍贵的事物，当你这么做时，不但会受到欢迎而且还会使生命扩展。”切忌对无中生有的事加以赞美，若你这样做，会使上级感觉到你是在“溜须拍马”而心生厌恶感。

3. 以公众的语气赞美上级

上级固然想知道自己在个别下属心目中的形象，但他更关注的是自己在大家或公众心目中的声誉。一个人的赞扬只能代表称赞者本身对上级的看法，而一般的上级都明白一个道理，一个人说好不算好。高明的称赞要加上公众的语气，以公众的目光来称赞上级，并把自己的赞美融入其中。

以公众的语气称赞上级，代表的是同事集体的一致的看法，不仅可以避免同事的妒忌和非议，而且还把同事的好的看法传达给上级，可赢得同事的尊重。在上级看来，这样的赞美不含个人的动机，代表大家的意见，不是溜须拍马，容易自然而然地接受。

以公众的语气称赞上级必须符合实际，真正代表大家的共同看法，否则就与拍马溜须混淆不清了。如果大家实际上对上级的某一做法不满意，而谎称“大家一致认为您的做法很好”，不仅欺骗了上级，也篡改了群众意志，最终有一天会露馅。

4. 不要说外行话

捧赞上级是对他的认可和肯定。所以在捧赞时，不能说外行话，要慎重选择捧赞的角度，不要不懂装懂，落下笑柄。

有个年轻人本不懂诗，但一个偶然的机会，他得知自己的上级是位小有成就的业余诗人，年轻下属趁机恭维道：“上级，您的诗写得再好不过了，我读了好几遍也没读懂。”

年轻人是只知其然，而不知其所以然，这位上级的诗写得好，但究竟好在哪里？年轻下属就说了外行话，用读不懂来形容，简直是在亵渎上级的诗词作品。

这位下属本意是想捧赞上级，没想到用了外行话，反而暴露了自己的无知，自然也就达不到捧赞上级的应有效果。

赞美的关键，找准上级身上的闪光点

每个人都有缺点，并都有想“淡化其缺点”的倾向。但当你能从别人的缺点中发现闪光之处时，这对别人来说就是一种最佳的赞美。

事实上，由衷地赞美别人的闪光点，是最令对方温暖、最不令自己破费的礼物。面对上级时，也是如此。很多人经常觉得赞美上级是一件非常困难的事情，碍于上级的权威，经常觉得无从开口，不知道从何说起。其实，赞美上级并非那么难，赞美的关键，就在于找准上级身上的闪光点，这样的赞美往往是最有效、最得上级欢心的。

小杨大学毕业以后想进入到某公司，但他没有盲目地去应聘，而是花费了很多精力，广泛收集该公司经理的有关信息，详细了解这位经理的奋斗史。那天见面之后，小杨这样开口：

“我很愿意到贵公司工作，我觉得能在您手下做事，是最大的光荣。因为您是一位依靠个人奋斗取得事业成功的人物。我知道您10年前创办公司时，只有一张桌子、一位职员和一部电话机，经过您的艰苦奋斗，才有了今天的大业。您的这种精神令我钦佩。我正是奔着这种精神才前来接受您的挑选。”

所有事业有成的人，差不多都乐于回忆当年奋斗的经历，这位经理也不例外。小杨一下子就抓住了经理的心理，一番话引起了经理的共鸣。因此，经理乘兴谈论起他自己的成功经历。小杨始终在旁认真聆听，不时以点头来表示钦佩。最后，经理向小杨很简单地问了一些情况，终于拍板：“你就是我们所需要的人。”

事实上，世界上没有人会对别人对自己的赞美无动于衷。现实生活中，有人精通赞美之法，有人却不会赞美别人。大文豪萧伯纳曾说过：“每次有人吹捧我，我都头痛，因为他们捧得不够。”可见，高帽子是人人都爱戴的，关键是赞美的人能不能抓住被赞美之人的“闪光点”而已。

某公司经理在指挥日常工作方面虽然能力一般，但是他具有极高的理论修养。在员工大会上，他经常能就某一个问题发表自己的独特看法，并且在说话的过程中不时穿插一些幽默风趣的语言。因而他的演说不但不会让员工觉得枯燥，反而觉得收获不小。这一点也是这位经理引以为豪的地方。

针对经理的这个特点，小于经常对他说："经理，俗话说'听君一席话，胜读十年书'，从您的讲话中，我深刻地体会到了这句话的精妙之处。每次听您讲话，我就觉得自己收获颇丰。您不愧是我们公司的精神领袖呀。"

小于的这番话正说到经理的心坎上，所以他高兴地说："小于呀，你太抬高我了，其实这个说话呀，要注意……"

由于小于总是能针对经理的闪光点进行赞美，因而很受经理的欢迎，他得到重用也是理所当然的了。

赞美上级并不需要你过多地付出什么，你要做的只是在与上级相处的时候细心一点，找出上级身上的闪光点并给予恰当的赞美与肯定，那么你就会受到上级的重视和欣赏。

1671年5月，伦敦发生了一起震惊世人的盗窃案。一伙盗贼潜入伦敦市郊的马丁塔，想盗走英国的镇国之宝——英国国王的皇冠。然而，这伙盗贼技艺不够高超，被守塔的卫队给擒住了。

事后查明，这伙盗贼一共有五个人，是集团作案，为首的是一个叫布雷特的家伙。此人能言善辩，机警诡诈。

英国国王查理二世听说有人去盗他的皇冠，非常震惊，决定亲自审问这群胆大妄为之徒。

盗贼头目布雷特被押到了国王面前，查理二世看着这个其貌不扬的人，实在看不出他有什么特别之处。于是开口问道："听说你还有男爵的头衔？"

"是的，陛下。"布雷特老实地回答。

"我还听说你这个头衔是因诱杀了一个叫艾默斯的人而得来的？"

"陛下，我只是想看看他是否配得上您赐予他的那个高位，如果他轻而易举地就被我打发掉，陛下就能挑选一个更适合的人来接替他的位置了。"

查理二世沉思了片刻，觉得布雷特不仅胆大包天，而且口齿还很伶俐。于是又厉声问道："你的胆子可真不小啊，居然敢来偷我的王冠！"

"陛下，我知道我的行为有点狂妄，不过我只是想借此来提醒您关心一下我这个生活没有依靠的老兵而已。"

“什么？可是你并非我的部下啊！”查理二世惊奇地问道。

“陛下，我从来都不曾与您为敌过。现在天下太平，所有的臣民不都是您的部下吗？我当然也是您的部下啊。”

查理二世感到此人更像一个无赖，于是便直接问道：“那你说吧，我该怎么处理你？”

“从法律的角度来看，我应该被处死。但是，当我们五个人死后，每一位至少会有两位亲属为之落泪。而从陛下您的角度来看，多十个人的赞美，总比多十个人的眼泪要好得多，您说对吗陛下？”

查理二世没想到他会这样回答，接着又问：“那么你觉得自己是个勇士还是懦夫？”

“陛下，我现在连个安身的地方都没有，到处都有人在抓我。直到去年我在家乡搞了一次假出殡，让一些人认为我死掉了，才不再被人抓。这显然不是一个勇士的行为。因此，尽管在别人面前我是个勇士，但在陛下的权威面前，我是个懦夫。”

查理二世听到布雷特强词夺理的辩解，居然大悦，不仅赦免了他，还赏给了他一笔数额不菲的钱财。

抓住一个人的独特之处来进行赞美，最能赢取人心。在每个人的生命历程里，或多或少都会发生一些重要的事情，其中不乏自己引以为荣的事情。对这些引以为荣的事情，每个人都渴望得到别人较高的评价，如果能够得到别人衷心的肯定和赞美，更是让人高兴和自豪的事。

在对上级进行赞美时，你不妨就从这一点入手，找准上级身上的闪光点，对上级引以为豪的事情加以肯定，上级自然会很高兴。

很多人之所以无法对上级讲出赞美的话，是因为没有认真去观察上级，找不到可以表达赞美的角度。其实，只要你用心观察，一定可以找出上级值得赞美的地方。找准上级身上的闪光点，这样赞美起来省力又见效，这也才是赞美上级的关键。在你的赞美下，上级高兴了，你自然也会因此赢得上级的好感。

适度的赞美，会让上级很受用

捧上级如果把握不好“捧”的分寸和尺度，肤浅的“捧”会让上级感到乏味与空洞，使被捧的上级丝毫感觉不到一种荣耀，并会在你的言语中产生一种不安与困惑，进而对双方的交流产生一些不良的后果。而适度的“捧”，可以使被捧的上级迅速产生认同感，进而对你抱以信赖的态度，产生与你积极沟通交流的愿望。

报社主编的一篇稿子在报上发表，刘玉不失时机赞美他：“主编，大家都在学习您的报道呢。我们都认为您报道的角度独到，大家都要向您请教呢。”主编听后很高兴。由于掌握了正确的语言，主编很愉快地接受了刘玉的赞美。如果刘玉说：“您真有水平”、“别的主编都比不上您”，那么这位主编一定接受不了，会觉得刘玉过于夸张了，刘玉也就达不到赞美上级的目的了。

赞美上级是一门需要深入学习的艺术。适度而恰当的赞美能赢得上级的好感，言过其实的赞美只会引起上级的不满。因此，在赞美上级时，要做到含而不露，让上级在你的赞美中对你产生良好的印象。

小李是某公司的一位职员，最擅长奉迎，凡是新上级到任，都由于她善于奉承，常常得到意外的照顾。

后来一位新上任的董事长来了，他是出了名的耿直、不爱谄媚的人。

每个同事都说：“小李这次一定要失败了！”

但是小李胸有成竹，给大家保证，一定说得上级高兴。

新董事长上任那天，在欢迎会上发表谈话：“我最痛恨那些奉承人的下属，为人就当认真做事，不要刻意逢迎……”

语毕，小李说：“像董事长这样高风亮节的人，在公司中能有几个？”

新董事长听了，面露笑容，表示首肯。

新任董事长是最痛恨奉承别人的人，但为什么小李一句话却让其心花怒放，而不是厌烦呢？原因其实很简单，小李的赞美恰到好处，让对方不知不觉中“上了当”。

一个聪明的人知道如何去恭维自己的上级，因而得到了上级的赞赏；而愚笨无知的人在奉承上级时却收到了相反的效果。

赞美是与上级保持良好沟通技巧的金钥匙，在赞美上级时，要注意他的身份，所以你不能像对待同学、朋友那样随意赞美，如果赞美得牵强附会则有奉承恭维之嫌，以至于他未必照单全收，倒还有可能生出反感。

1. **赞美上级要真诚**

只有你的态度真诚，上级才会乐于接受你的赞美，觉得你的赞美是发自内心的，不存在什么虚假的成分，甚至恶意。

2. **赞美要适时**

恰到好处的赞美，是十分重要的。一是当你发现上级有值得赞美的地方，就要善于及时大胆地赞美，千万不要错过机会。二是在上级升迁或受到嘉奖之时，送上一句赞语，就犹如锦上添花，其价值可“抵万金”，因为此时，上级的心情格外舒畅，如果再能听到一句真诚的夸赞，其欣喜之情可想而知。

3. **赞美要适度**

赞美的尺度掌握得如何往往直接影响赞美的效果。恰如其分、点到为止的赞美才是真正的赞美。使用过多的华丽辞藻，过度的恭维、空洞的吹捧，只会使对方感到不舒服，不自在，甚至难受、肉麻、厌恶，其结果是适得其反。

4. **同一赞美的话语不要重复说**

同样一句赞美之词，上级听第一遍可能会很开心，听第二遍可能就没有那么强烈，听十遍可能就会让上级感到腻味。所以赞美上级的语言要多样化，可以从不同角度，不同方面赞美上级。

5. 掌握正确的内容

赞扬上级时，最要紧的是赞扬上级真正在乎的事情。上级不在乎的事情，你却不停地进行赞扬，难免会遭到上级的厌烦。比如：上级近期所取得的某项工作的成功，新任职的上级的第一次公开讲话，上级作出的被实践证明是完全正确的决策，上级子女的金榜题名，等等。这些常常是上级很在乎的事情，你可以进行恰当的赞扬。

眼光如炬，从细微处赞美上级

常言道："泰山不拒细壤，故能成其高；江海不择细流，故能就其深。"所以，大礼不辞小让，细节决定成败。"勿以恶小而为之，勿以善小而不为。"赞美别人也是一样，勿以善小而不赞。

每个人都希望被他人关注，哪怕是自身发生了细微的变化，也期待被别人发现。比如你的老板今天的打扮很时尚，或者说上级今天的精神很饱满，你及时指出他们这些变化，给予赞美，会赢得上级的好感。所以，当你觉察到上级的变化时，就要大胆地表达出来。对于好的变化，更不要吝惜赞美之辞。

小丽是一名会计，不但业务能力很强，而且能说会道，深受大家的喜爱。

早上，经理刚踏入办公室，小丽就发现，经理今天穿了一套新西装。小丽走到经理面前，及时称赞道："经理，你这西装穿得真帅气。你个子高，显得更加英俊潇洒，玉树临风啊！"其他几位同事也一起附和道："是啊，帅呆了。"

经理很得意地转了一圈，回自己的办公室了。

中午，经理走出办公室，见人人都在座位上，便问："你们中午怎么也不出去转转？"

大家异口同声道："午休时间短，吃完饭，也快上班了。"

“是吗？这样，以后中午多给你们半个小时的休息时间，出去转转，工作需要头脑清醒。”经理当场拍板。

就这样，她们每天多了半个小时的休息时间。

人人都需要被肯定，留意上级细微的变化并指出来，会令上级感觉到他在你心目中的地位很重要；相反，对上级的变化视而不见，就会令上级觉得你没有把他放在眼里。所以，当上级有什么显著变化的时候，要及时地指出来，及时地给予称赞。

一天，将要下班的时候，刘丽接到女上级打来的电话：“下班后陪我逛一下商场。”刘丽当然听得出电话里女上级的语调虽然平和，但平和里还是夹带了一些命令的。作为女上级的秘书，她自然不敢怠慢，马上就答应了。

下班后，刘丽和女上级一同进了电梯后，她才看到女上级今天穿了一件短款雪白羊绒雪狐领外套，下配紫底碎花百褶裙，手挽白色精致小坤包，不禁惊呼：“您今天真靓！”女上级一听马上喜形于色：“哪儿啊，都是以前买的，没怎么穿过，你觉得这样穿行吗？”

刘丽兴奋地说：“太行了，干吗不早穿呀，到现在才让我一饱眼福！”女上级听得心花怒放。

到商场买完东西走出来时，刘丽和女上级都有些沉默，可能是逛街都逛累了。但刘丽不愿意让这种沉默僵持太久，于是她又开始了对女上级进行夸赞：“瞧您这身段，小姑娘似的，哪像这岁数的人啊！”女上级一听，疲惫的脸立马变得容光焕发。

从此，上级更加喜欢和信任刘丽了。

赞美的细节化，是所有赞美的基础，只有从具体的方面去赞美他人，才能显出赞美功能的强大。如果你去关注自己上级的细微变化和特长所在，从细微之处对上级进行赞美，那么上级在你的赞美声中，将会收获一份温情和感动，因而他对你也将大有好感。

公司的王经理行事谨慎很低调，很多职员想要恭维和赞美他时总觉得无从下手。但通过一段时间的观察，周明发现王经理对数字很敏感，经过他手上的有关数据和资料他总是能记得一清二楚。

发现了这一点后，平常在与王经理交流工作时，周明就装作不经意地对王经理说：“经理，您的记忆力实在太好了，简直是过目不忘，任何数字的变动都逃不过您的眼睛，要是每个人的记忆力都像您的这么好，我们的电脑早就可以淘汰了……”

王经理听后，心里很受用，嘴上却说：“哪里哪里……我只是对数字比较感兴趣而已。”

因为周明能从细微之处对王经理进行赞美，让经理觉得他是个懂得观察和学习的好员工，因此自然对周明有了更多的好感。

在这里，周明就做到了细心观察，发现王经理不太明显的优点之处，从细微处对他进行赞美，让王经理感到很受用。

赞扬对方的时候，往往细微之处显真情，当上级感受到你对他优点的切实了解时，你也就获得了他的信任、真诚相待及工作上的积极支持。

法国有一位将军，曾经立下赫赫战功，每次都是攻无不克、战无不胜。当他打胜仗凯旋之际，总有无数的鲜花和掌声包围着他，许多人都奉承他说：“你真是位举世无双的军事家。”或者说：“将军，你是我们的骄傲，是所有法国公民的英雄。”

而他对这些话始终无动于衷。因为将军认为，打胜仗是一位优秀将军的分内之事，不值得作如此夸耀。

后来有一位善于揣摩别人心理的部下说：“将军，你的胡须真漂亮，就像一片茂密的森林。”将军听了哈哈大笑。

这位手下意外地赞美将军的胡须，令上级开心不已。自然，这位部下所收到的回报也会令他开怀大笑，并让同僚们羡慕不已，这就是从细微处赞美上级而得到收获的例子。

要学会赞美上级，就要学会从小事开始赞美。上级生活的习惯或者做事的风格或者某一方面的特长，都可以作为你从细微处入手的关键。这些细微之处犹如一块块未经雕琢的璞玉，如果你没有一双识别它们的慧眼，细心鉴别，你也很难发现它真正的价值所在。在平时的工作中，让自己做一个有心人，善于发掘赞美的“素材”，看到小事背后存在着的重大意义。

技巧③

会说不如会听，做上级的忠实听众

外国有句谚语："用十秒钟的时间讲，用十分钟的时间听。"会倾听，是会说话、会办事的前提，是官场和职场生存的基本技能。听懂上级的话无疑是最重要的必修课，也是最难的一件事。同一句话，不同的上级说出来，甚至同一个上级在不同场合说出来，其真实意图都可能不同。如何领悟上级话中之话，如何参透上级的言外之意，是沟通的关键。在工作上普遍受上级重视的人，多是了解倾听技巧的人。

善于倾听，领悟上级的话外音

在职场中，要想和上级进行有效的交往和沟通，看穿上级的心思、领悟上级的真实意图、听懂上级的弦外之音是非常重要的。这是倾听中一种比较高的境界，但也是倾听中最不容易做到的。

准确地领会上级的意图并不是一件简单的事情。在实际工作中，经常会发生下属对上级意图理解偏差的现象。

某公司老板打算在年终工作会议上作总结发言，他便让助理高颖就全年的工作写份工作总结报告，并且嘱咐说“越详细越好”。高颖调查情况就花了几个星期的时间，把一年的工作事无巨细都写了出来。老板看了她所写的几万字的报告材料，摇头表示不满。原来老板的意思是，希望总结得详细一些。可是高颖不理解详细是指产品质量及生产方面，而在事务上“详细”写，却连老板组织了几次会议出了几趟差，公司搞了几次请客吃饭都写得清清楚楚。老板面对这份报告，无可奈何。最后只好自己动手重新写了一遍。

高颖对于老板的意图，实际上并没有心领神会，而只限于机械简单地理解执行。看来，心领神会至关重要。在现代职场中，一个人要想把工作做得漂漂亮亮的，不善于领会上级的意图的确是一件很糟糕的事情。

杨凯大学毕业后加入一家广告公司。其间，他参与了一个广告设计项目，创意总监要求小组的每个成员提交一份设计方案。看过杨凯的方案后，总监沉默了一会儿，评价道：“这个嘛，还挺有意思的。”上级的这句话让杨凯以为总监很看好他的方案，于是他信心大增，加班加点地完善这份方案，还不时地找总监讨论。可没想到一周后的会议上，杨凯发现总监最后采纳的并不是自己设计的方案，而且此后似乎有些冷落他。

困惑不已的杨凯只得询问同事，在同事“点拨”下才意识到，总监说那句话，并不表示对他的方案的认同。事实上，总监是不看好这个方案的，之所以用“还挺有意思”打发过去，只是顺便对杨凯作一下鼓励。

原来上级的弦外之音是否定的意思，杨凯感叹：“以前在学校里，大家都是有什么说什么，但踏上工作岗位后就不一样了，必须得察言观色，听懂上级的弦外之音。”

在职场中最难相处的可能就是你的上级。上级的心思你猜不透，上级的话像雾像雨又像风，让你弄不懂。这个时候，你就要用心地揣摩上级话里的“弦外之音”、“言外之意”，听懂了这些“弦外之音”和上级相处就很容易了。如果你领悟得不准确，完全有可能会给你的工作带来一些麻烦。

某公司老板认为针对现有职位，只要有优秀的人才，就可以将原有岗位的人替换掉，以促进公司的快速发展。但是，公司人力资源部经理却没有正确理解老板的意思，就在诸多媒体上发布了除老板、人力资源部经理等之外的所有重要岗位的招聘启事。

结果，这不仅引起了公司管理层的动荡，而且还引起了许多外界猜测：××公司怎么了？××出现震荡了吗？为什么这么混乱？更严重的是，公司客户知道该公司这样没有战略规划地大规模招人，以为这个公司出现危机，管理层集体跳槽了，并且进一步怀疑与这个公司的合作是否应该继续下去……

幸好，公司老板及时发现了这个问题，并迅速予以纠正。可以说，这种招聘信息发布的时间越长，传播的范围越广，对企业的伤害就越大。因为一个健康发展的公司，不可能出现上述现象，而且一个合格的人力资源部经理也绝对不会做出这种有伤企业的事情。

俗话说：听锣听声，听话听音。任何信息，既有表层的直接意思，又有内在的深层含义。这就要求我们学会边听边分析，准确领会对方的意图，既要敏感地体察信息的含义，又要防止过敏的主观臆测，以免误解而产生感情障碍。

充分领会上级意图是下属的一项基本技能，当上级喜欢委婉表达意见时，一定要注意听话外音，还要注意观察上级的表情和神态，这些都暗含着某种意义。当然，这种领会绝不是胡乱猜测，否则，误解了上级的意图同样会很被动。这就要求你有足够的聪明，能将上级没说透的指令，都能彻底地领会。

当上级向你委以任务，要先清楚了解上级的真意，然后衡量怎么去做，千万不能因为误会而给自己带来麻烦。只有多一点心思，仔细去领会其中的潜台词，才有可能同上级达成默契。

为了领会上级的意图，当你接受上级的指示或吩咐的时候不妨问得再清楚些，不要有太多的顾忌心理，而模棱两可地去执行，那样以后麻烦的还是自己，也不要老板说了什么，就想当然地认为完全理解了。首先得明白这项工作在整体工作当中处于什么样的地位，也应该明白上级正处于什么样的需求和心理状态，同时应该根据老板一贯的思想意图和工作作风来加以完整地理解。

上级的意图有时不会直截了当地表达出来，需要你仔细揣摩去做。在平时要深入观察，仔细揣摩，熟谙上级的习性，这样才能正确地理解上级的意图。否则在具体执行过程中，就会发生很大偏差，甚至与上级的想法完全背道而驰。

含蓄地表达自己的意图，是上级常用的工作方式之一。因此，在听上级说话的时候，你要仔细地听、认真地感悟，分析表象下面隐藏的真实，而不要仅仅按照字面意思去理解。只有会听这些话的弦外之音，才能较好地与上级相处。

正确地领悟和理解上级的意图是一种能力，对于下属而言，如果具备了这种能力，往往能够更好地协调上级的工作，使彼此间达成一种默契，更好地合作、提高效率。准确领悟上级的言行，对每个人来说无疑是大有益处的，它可以让我们把工作做得更好，令上级满意，从而表现出自己的能力，体现出自己的价值，以望获得更广阔的发展空间，取得更大的成就。

认真倾听，做上级忠实的听众

俗话说得好："会说的不如会听的。"也就是说，只有会听，才能真正会说；只有会听，才能更好地了解对方，促成有效的沟通和交流。

倾听是一种礼貌，是对说话者表示尊敬的一种表现，也是对说话者的一种高度的赞美，更是对说话者最好的恭维。每个人都希望在与人谈话时受到别人的尊重和重视。当我们专心致志地说话时，都希望别人能够全神贯注地听，而只有用心去听，才能使对方喜欢你，信赖你，从而拉近与你的距离。

曾经有个小国到中国来，进贡了三个一模一样的金人，金碧辉煌，把皇帝高兴坏了。可是这小国不厚道，同时出一道题目：这三个金人哪个最有价值？

皇帝想了许多的办法，请来珠宝匠检查，称重量，看做工，都是一模一样的。怎么办？使者还等着回去汇报呢。泱泱大国，不会连这个小事都不懂吧？

最后，有一位退位的老大臣说他有办法。

皇帝将使者请到大殿，老臣胸有成竹地拿着三根稻草，插入第一个金人的耳朵里，这稻草从另一边耳朵出来了。第二个金人的稻草从嘴巴里直接掉出来，而第三个金人，稻草进去后掉进了肚子，什么响动也没有。老臣说：第三个金人最有价值！使者默默无语，答案正确。

虽然三个金人都有各自的价值，但是第三个金人却因为善于倾听别人的意见而价值最大。这个故事告诉我们：最能说的人，不一定是最有价值的人。老天给我们两只耳朵一个嘴巴，本来就是让我们多听少说的。

在与上级说话时，不妨也注意这一点。在上级面前少说多听，既可以凸显上级的身份和地位，又可以让上级对你产生好感，认为你是一个虚心好学的人。

有这样一位下属，因为耳朵有些背，听不太清上级的讲话，所以每次开会的时候，他都会坐在上级对面最靠近他的位置上，拿着笔记本，认真的把上级的话都记录下来。因为耳朵不好的缘故，他生怕漏下一个字儿，所以，总是认真地看着上级的脸。时间一久上级就注意到了，上级想，像这样认真听自己教诲的下级真是少之又少了啊。于是，上级把他提拔成自己的助手。而实际上，这个下级之所以认真，是因为他有的时候听不清，所以很注意读老板的口型，但在老板看来，他却是众多下级中最忠实的听众。

这个下级得到意外提升后还以为真是自己的能力超群，一想这回在老板身边工作了，总不能因为耳朵不好的缘故阻碍了自己发展的前程吧。所以，他一狠心，用一个月的薪水买了一个助听器。这回，开会的时候，他再也不离上级近了，而是坐得远远的，偶尔还开个小差儿。上级一看，心里很不高兴。不明白为什么提拔他之后，反而不似从前了。又经过一段日子的考验，这个下级还是老样子，上级对他失望了，不久，找了个理由就把他又降回原职了。

这个故事很有意思，在笑的同时，我们应该有更深层的理解。它说明了“听”的重要性，与上级长期共事，一定要学会听。上级在高处，渴望你能把自己当回事，即使是不发表言论，安安静静地听，他也会觉得心满意足。如果在与上级交谈时，能够掌握这一原则，让上级畅所欲言，就能赢得上级的好感与青睐。

有一家企业的老总到某大学去招聘职员，他对20多名大学生进行了反复核查，从中挑选出了3名大学生进行最后的面试。其中有两名大学生在老总面前夸夸其谈，提出一大堆的建议和设想。而另一名学生则与他们相反，在面试时，一直耐心倾听老总的见解和要求，很少插嘴，只有当老总询问时，他才回答，而且很简练，在面试结束时，他委婉地说道：“我很重视您的要求，也非常赞同您的见解。如果我能被录用的话，还望您今后多多指导。”3天后，这位善于倾听的大学生接到了录用通知，而那两位夸夸其谈者则被淘汰了。

正如上述案例中所表达的那样，交谈中应该善于倾听上级的话语，彻底明白上级想表达的信息，才能让双方的交谈得以顺利进行。即使你想要表达自己的观点，也应在坦诚交谈并表示了解上级的话语后，才陈述自己的观点和看法。倘若不遵守这个原则，可能会造成各说各话的情形，以至于谈话不投机，在上级面前失去了表现自己才干的机会。

总之，每个人都有说话的权利，上级亦是如此。当你和上级沟通时，想要上级认可你，你必须学会倾听上级的谈话。

耐心倾听，不要轻易打断上级说话

在日常生活中，我们经常会遇到一些这样的人，老是打断别人的话或是抢别人的话，结果弄得大家不愉快。例如，你与朋友在谈论一个话题，你就此正发表自己的见解，可对方听到一半，还未等你说完，对方突然冒出一些观点，就急于要发表自己的看法，此时，便打断了你的说话，从中间插进去发表他的见解。或者，当你在讲一个事情，刚起个开头，恰巧这个事情是对方曾经听过的，他便不假思索地说，这个我听过，马上阻断你，让你不知道是不是需要继续讲下去。很显然，这种打断别人说话的行为是一种最无礼的行为。

培根曾说："打断别人，乱插嘴的人，甚至比发言者更令人讨厌。"那些不懂礼貌的人总是在别人津津有味地谈着某件事情的时候，在说到高兴处时，冷不防地半路杀进来，让别人猝不及防，不得不偃旗息鼓而退。这种人不会预先告诉你，说他要插话了。他插话时有时会不管你说的是什么，而将话题转移到自己感兴趣的方面去，有时是把你的结论代为说出，以此得意洋洋地炫耀自己的光彩。无论是哪种情况，都会让说话的人顿生厌恶之感，因为随便打断别人说话的人根本就不知道尊重别人。

在职场中，有一些人也存在着这样的陋习，随便打断上级说话或中途插话，这是有失礼貌的行为，更是职场中的大忌，其结果往往使自己处于被动。

王丽是一个活泼大方、性格开朗的女孩，闲暇之余她总喜欢找人聊天，可是王丽身边的朋友却很少，刚到了一个新的工作岗位，谦虚热情的王丽很快得到了大家的喜欢，可是渐渐的大家都发现了王丽的问题，开始对她疏远。原来，在工作之余，王丽总是喜欢找同事来聊天，本来聊聊天谈谈心是一件好事情，可是王丽的一个坏毛病，却害了自己。她一直想改，可是和别人聊起天，就会把这事情抛在脑后。在和同事李芳聊起明星八卦的时候，本来只是闲聊，李芳无意中提起，某人和某人最近传绯闻了，李芳才说了两句，王丽立刻就打断了李芳的话，哪里，我看的杂志不是这样讲的，明明就是，某某某和某某某在一起的……李芳见状转了话题，说到自己对人生的看法，可是没说两句又被王丽给打断了。直到最后一直都是王丽在滔滔不绝的讲话，完全不把李芳放在眼里。可是王丽却没有感觉到李芳的不快。自己的这种说话方式已经成为了一种习惯，一种无意识。下一次，王丽又找到李芳聊天，可是李芳却推辞了。然后王丽又找到其他的同事聊天，可是和她聊过一两次以后大家都不愿意再和王丽聊天了。王丽很郁闷，想要改这个毛病，可是总是改不了。这天，公司所有成员开会，上级说到一个问题的时候，出现了一点小的错误，大家都听出了错误，可是上级自己还没有意识到说错的时候，王丽立刻就打断了上级的发言，纠正了上级的错误，上级很欣然的接受了，还说王丽做得好，上级有错就应该指出来。王丽听到上级的表扬，还很得意，不久后，王丽就被通知调到别的部门。王丽这时候才意识到自己打断别人的讲话是不好的，而这个苦果也只有自己吃了。

无论你多么渴望一个新的话题，多么想发表自己的见解，都不要去打断说话者的话题，你要默默地将想说的话记在心中，直到讲话者说话结束为止，再发表自己的见解。讲话者最讨厌的就是别人打断他的讲话。因为这样，在打断他的思路的同时，又让他体会到你不尊重他。

和上级说话时，尤其要注意这一点。当上级在说话时，不要轻易去打断他，而是要先倾听，再做下一步的打算。

有一个客户经理正与客户谈一个项目，正在争论最激烈的时候，他手下的一个员工闯了进来，插嘴道："经理，我刚才和哈尔滨的客户联系了一下，他们说……"接着就说开了。

经理示意他不要说了，而他却越说越津津有味。客户本来就心情不大愉快，见到这样的情景更是气坏了，就对客户经理说："你先跟你的同事谈，我们改天再来吧。"说完就走了。

这位员工乱插话，搅了一笔大生意，让经理很是恼火。

每个人都会情不自禁地想表达自己的愿望，但如果不去了解别人的感受，不分场合与时机地就去打断别人说话或抢接别人的话头，这样会扰乱他们的思路，要讲些什么反而都忘了，引起对方不快，有时甚至会产生不必要的误会。

不要无端地打断别人的谈话，需要插话也要学会适时地插话。每个人都喜欢别人从头到尾安静地听自己把话说完，以便借此展示自己的价值。上级尤其喜欢这样。所以，交谈时要专注于对方所讲的话题，等对方讲完以后，再开始你的话题。

即使你没听懂上级说的话，或是听漏了一两句，也千万别在对方说话途中突然提出问题，必须等到他把话说完，再说："很抱歉！刚才中间有一两句你说的是……吗？"如果你是在对方谈话中间打断，问："等等，你刚才这句话能不能再重复一遍？"这样，会使对方有一种接受到命令或指示的感觉，显然，对你的印象就没那么好了。

不要急于插话，要想清楚自己要说什么，怎么插话、何时插话比较合适。即兴插话、语无伦次地乱讲一通，对方会很扫兴。只有把要插的话想好、说到位，才能令对方信服。

在职场中，如果你想让别人喜欢你，接纳你，就必须根除随便打断别人说话的陋习，当要打断别人时，提醒自己“多给别人一些表达的机会，并从中找到自我发展的资源，获得人际双赢”。

少说多听，把话语权留给上级

每个人都有自己表达的欲望，上级更是如此。在与上级沟通过程中，如果你一直滔滔不绝地高谈阔论，那么你沟通的质量必然很差，因为这样的谈话已不是对话，而是像演讲或培训讲座一样，上级的感觉一定非常不好。

相信我们也许有过这样的经历：几个人聚在一起讲故事，甲一个接一个地讲了好几个，乙和丙也想讲述一两个。可是，甲只管滔滔不绝地讲下去，使乙和丙想讲而没有机会讲。我们试想一下，乙和丙的心里一定不好受，因为他们自己没有说话的机会，专门听甲的讲话，自然会没有兴趣听下去，最后只好不欢而散了。谁都不乐意一味地听别人说话，所以，与人交谈时，即使是一个很好的题材，对方很感兴趣，说话时也要适可而止，不可无休无止，说个没完，否则会令人疲倦。在与上级说话时，这一点要尤其注意。

有一次，纽约报纸的财经专页上刊登了一则大型广告，招聘具备特殊能力和经历的人，卡贝利斯应征了这则广告，并把简历寄出。几天后，他接到一封面试邀请信，面试前，他花费几个小时的时间在华尔街寻找这家公司创始人的一切消息。

面试开始了，他从容不迫地说：“我非常庆幸自己能够和这样的公司合作。据我了解，这家公司成立于28年前。当时只有一间办公室和一名速记员，对吗？”

几乎所有的成功人士都喜欢回忆创业之初的情景。这位老板也不例外，他花了很长时间来谈论自己如何以450美元现金和一个原始的想法创业，并如何战胜了挫折和嘲笑。他每天工作16～18个小时，节假日也不休息，最终战胜了所有的对手，现在华尔街最知名的总裁也要到这里来获取信息和指导，他为此深感自豪，而这段辉煌经历也的确值得回忆，他有资格为此骄傲。最后，他简要地询问了卡贝利斯的经历，然后叫来副总裁说："我认为这就是我们需要的人。"

卡贝利斯先生大费周折地研究未来雇主的成就，表现出对他的强烈兴趣，他还鼓励对方更多地谈论自己——这一切都给老板留下了美好的印象。

在与人交谈中，我们要做到多给别人说话和表现的机会，这会增加对方对你的好感。多给别人说话的机会，这不仅是对对方的尊重，同时也给自己一个思考的余地。要知道谈话不是演讲，不是个人表演的独角戏，而是双方交流的活动。在谈话中，只以自己为中心，好像他人都不存在似的，长久下去，必然会令人生厌。所以在与他人交谈时，给对方创造说话的机会，要比我们自己说好得多。

某大学，准备建立一座现代化的电教大楼，一些厂家得知这一消息后，纷纷上门，希望该校负责设备的张教授购买他们的产品，有的一个劲地向张教授介绍他们厂的产品如何如何好；有的销售人员还暗示，如购买他们厂的产品，可以从中得到一笔可观的回扣等等，而A厂的王主任，却采取了与众不同的方法，他给张教授写了一封信，内容大致如下：尊敬的张教授，我们知道您是电化教学仪器设备的专家，今天写信打扰，是因有一件事希望您能帮点小忙，我们厂新近生产了一套电教方面的设备，在投入批量生产之前，我们想请您指导一下，看看哪些地方尚需改进。我们知道您的工作很忙，因此很乐意在您指定的任何时间，派车前往迎接。接信后，张教授感到十分荣幸，感到了自己的重要价值。他立即给王主任回信：本周末愿意前往。在王主任陪同下，张教授仔细观察、试行操作了该厂的产品，结果，只在一些小细节上提出一些改进意见。回校三天后，厂里接到张教授的来信："经研究决定，我们购买贵厂的电教产品……"王主任谦虚地请教张教授，让张教授自觉自愿选购，并让他觉得这完全是他自己的主意，从而获得销售的成功。

征服人心其实很简单——不当话痨，把话语权多留给别人一些，你就拥有了更多成功的可能。

说话不是说给自己听，而是说给别人听。同样的道理，与上级说话时，不能只顾自己说话，而忽视上级的感受。如果不顾上级的反馈，不给上级说话的机会，即使你说再好听的话，也全是无用的废话。

当年日本著名的销售员原一平做销售的时候，拜访一个建筑企业的董事长渡边先生。渡边一见到原一平就下了逐客令。原一平并没有就此退却，他诚恳地问渡边先生："渡边先生，咱俩年龄差不多，为什么你如此成功呢？能告诉我原因吗？"

渡边先生见原一平求知若渴，想学习自己的成功经验，就不好意思再回绝他，接着，他就讲述了自己的成功历程。没想到一聊就是半天，而原一平始终在认真地听着，并在适当的时候提了一些问题，以示请教。最后的结果可想而知，原一平拿下了渡边建筑公司的所有保单。

说话的技巧将影响到我们的事业和前途，所以我们要学会的就是找机会引导别人说话，这样谈话的气氛才会融洽。如果不懂得说话技巧，那么在职场中肯定会吃大亏，特别是那些对自己的未来起着关键作用的上级。所以，如果你想改变自身的状况，那么就从现在开始，从让对方多说话开始学习吧。

有时候，沉默也是一种力量

沉默是人们表达力量、并使自己处于主动地位的一种技巧。许多人经常利用"沉默"这一策略来击败对手。他们可以制造沉默，也有方法打破沉默。当然，沉默并不是简单地一味不说话，而是一种成竹在胸、沉着冷静的姿态，尤其在神态上表现出一种运筹帷幄、决胜千里的自信，以此来逼迫对方沉不住气，先亮出底牌，从而达到自己的目的。

在生活中，当有人恶意攻击你时，你的最佳防卫方式就是学会保持沉默。因为沉默之人是不会和人起争斗的，因为他听不到也说不出。人们也不会找这种人斗，因为斗了也是白斗。如果对方还一再挑衅，只会凸显他的好斗与无理取闹，因此面对你的沉默，这种人多半会在几句话之后就仓皇地且骂且退，离开现场，如果你还装出一副听不懂的样子，那么更能让对方败走！

某机关有一个女孩子，平日只是默默工作，并不多话，和人聊天，总是微微笑笑的。有一年，机关里来了一个好斗的女孩子，很多同事在她主动发起攻击之下，不是辞职就是请调。最后，矛头终于指向了这个女孩子。

某日，这位好斗的女孩子抓到了那位一贯沉默的女孩子的把柄，立刻点燃火药，噼里啪啦一阵，谁知那位女孩只是默默笑着，一句话也没说，只偶尔问一句："啊?"最后，好斗的那个主动鸣金收兵，但也已气得满脸通红，一句话也说不出来了。

过了半年，这位好斗的女孩子也自请他调。

为什么会有这样的结局呢？其实，原来那个沉默的女孩子听力不大好，理解别人的话有些困难，总是要慢半拍，当她仔细聆听你的话语并思索你话语的意思时，脸上又会出现"无辜"、"茫然"的表情。你对她发作那么久，那么卖力，她回你的却是这种表情和"啊?"的不解声，难怪要斗不下去，只好鸣金收兵了。

这个故事说明了一个事实："沉默"的力量是何其地大，面对"沉默"，所有的语言力量都消失了！

沉默是一种行之有效的交流手段，它和语言相比，更富有理性，更富有智慧，也更富有内涵。当你遭受到别人的无端指责和恶意诋毁的时候，你不妨保持一下沉默，因为，沉默是金，更是一种力量。当你保持沉默时，对方往往由于不知道你的底牌而感到无穷的压力，这时，他的意志也将会受到动摇甚至不战自溃；如果此时你进行了反抗和争辩，那么，你的愚昧行径必将给对方以可乘之机，这样一来，不但不会得到任何友善的结局，反而会使自己进一步陷入被动和尴尬的窘境，同时也会大大损害了自己的完美形象。

职场中，我们也许会遇到上级的误解、同事的诽谤，此时，我们并不需要太多的言行表现，默默无言反而会使对方摸不着边际，高深莫测，使其慑服，老子曰："大辩不言"也就是这个道理。最好的辩论是沉默，一句话不说，反而口才过人。口若悬河，话如流水，有时却比不上沉默的力量。

汉代公孙弘年轻时家贫，后来贵为丞相，但生活依然十分俭朴，吃饭只有一个荤菜，睡觉只盖普通棉被。就因为这样，大臣汲黯向汉武帝参了一本，批评公孙弘位列三公，有相当可观的俸禄，却只盖普通棉被，实质上是使诈以沽名钓誉，目的是为了骗取俭朴清廉的美名。

汉武帝便问公孙弘："汲黯所说的都是事实吗？"公孙弘回答道："汲黯说得一点没错。满朝大臣中，他与我交情最好，也最了解我。今天他当着众人的面指责我，正是切中了我的要害。我位列三公而只盖棉被，生活水准和普通百姓一样，确实是故意装得清廉以沽名钓誉。如果不是汲黯忠心耿耿，陛下怎么会听到对我的这种批评呢？"汉武帝听了公孙弘的这一番话，反倒觉得他为人谦让，就更加尊重他了。

看来，不争辩也是保持沉默的一种有效方式。公孙弘面对汲黯的指责和汉武帝的询问，一句也不辩解，并全都承认，这是何等的一种智慧呀！

世上事情万千，真理却只有一个。很多人认为只有在辩论中才能还原真理的本来面目。他们把辩论当作武器，以为只有据理力争才是最有力的谈话方式。但事实上，辩莫若不辩，不辩是种智慧，强辩则可能是愚蠢的行为。

在我们的生活工作中，有些时候确实是沉默胜于雄辩。与得体的语言一样，恰到好处的沉默也是一种语言艺术。在说话时机未到的时候，保持沉默，有时候是一种最好的选择，会收到"此时无声胜有声"的效果。

晏子是春秋战国时期一位相当有才干的政治家。一次，齐景公命他去治理东阿，晏子非常高兴地接受了这个任务。可是 3 年后，许多人都来朝廷告晏子的状，景公非常恼怒，便将晏子召回来，准备罢免他的官职。

晏子没有急于为自己辩解，而是摆出一副谦恭的态度"认错"。为了有机会替自己澄清事实，晏子非常谦恭地说："臣已知错，请大王再给臣 3 年的时间，臣一定会让别人对我赞赏有加。"景公见他言辞恳切，知错必改，就答应了他的请求。

3 年过去了，果然称赞晏子的奏折不断被送到景公手上。景公大为高兴，召晏子入朝准备予以封赏。不料，晏子却诚惶诚恐地不肯接受。

在景公的一再追问下，晏子道出了缘由："第一次我去东阿，施行有利于百姓的政策，遭到坏人的指责；我主张勤俭节约，尊老爱幼，惩治贪官污吏，于是在暗地里备受打击报复；权贵犯法，我也严加惩治，毫不宽恕，于是权贵们嫉恨我。他们对我恶语中伤，直至在背后告我黑状。"

晏子舒了口气继续说道："第二次去的时候我就改变了做法。我拖延实施利民措施，坏人为此开心了；我释放鸡鸣狗盗之徒，无赖们为此高兴了；我偏袒权贵，即使他们犯法我也不予以惩治，权贵们为此无怨言了。于是这些人又到处颂扬我，传到您的耳里，您也信以为真了。3年前其实我该受赏，您却要处罚我；现在我该受罚，您却要封赏我。所以大王，这个赏我是万万不能接受啊！"

齐景公听后恍然大悟，知道了当初是自己冤枉了晏子。看到晏子是一位有德有才的良臣，就交给了他治理全国的重任。

事实胜于雄辩，我们在蒙冤时不如把争论放在一边，让事实说话。受得住委屈，方能保全自己，经得起冤屈，事理才能得到伸直。

俗话说："言语伤人，胜于刀枪；刀伤易愈，舌伤难痊。"当你与上级意见不合引发争执，沉默则能缓和你与上级之间的言辞冲突，利于化解矛盾。很多时候，赢得争论的秘诀就是不作无谓的争论，学会保持沉默，这是以静制动的策略，是聪明人在言谈中明智的表现。在实际生活之中，如果能够灵活运用，将对我们的事业起到不小的帮助。

掌握有效的倾听方法，让上级乐于与你交流

说话是人与人之间传递思想、交流情感最基本的手段。但真正的说话技巧不仅是会说，还要会听。掌握良好的听与说的技巧，在倾听中响应，是联络情感、满足需求必不可少的人际桥梁。

有一次，美国知名主持人林克莱特访问一名小朋友，问他说："你长大后想要当什么呀？"小朋友天真地回答："嗯，我要当飞机驾驶员！"林克莱特接着问："如果有一天，你的飞机飞到太平洋上空，所有引擎都熄火了，你会怎么办？"小朋友想了想："我会先告诉坐在飞机上的人绑好安全带，然后我挂上我的降落伞先跳出去。"

当现场的观众笑得东倒西歪时，林克莱特继续注视着这孩子，想看他是不是自作聪明的家伙。

没想到，接着孩子的两行热泪夺眶而出，这才使得林克莱特发觉这孩子的悲悯之情远非笔墨所能形容。于是林克莱特问他："为什么要这么做？"小孩的回答透露出一个孩子真挚的想法："我要去拿燃料，我还要回来！我还要回来！"

林克莱特在与小朋友对话的过程中，没有耐心听完小朋友的话便抱持着以往的刻板印象等着看他出窘；没有专心去尝试理解他的真正意思，忘了接受小朋友的童心与天真。幸好，在紧要关头他能用心注意到小朋友的肢体及情绪语言，能诚恳地去发问并倾听小朋友的真正心意，才没有造成误解及刺伤对方的心。

通过这个故事，你认为自己真地明白了倾听的艺术了吗？在与他人交谈中，我们只有通过倾听了解对方的想法，相对应地作出恰当的回应，才能使彼此之间的利益达成一致，融洽交际氛围。

低手善于说，高手善于听。怎样做一个聆听的高手，是你职场中必学的一门课程。如果你想在上级面前做个倾听高手，赢得上级的好感，需要注意以下几个方面：

1. 倾听要专注

上级和你说话时，不可做一些与此无关的事情，这是恭敬的表示，而且当他偶然问你一些问题，你就不会因为不留心听他所说的话而无从回答了。

2. 善于运用体态语言

倾听上级说话时，要注视对方，表现出全神贯注的神情。身体要向对方微微前倾，适当地运用一些表示恳切的微小动作，如点头、微笑、轻声附和，避免呆若木鸡的神情。这个时候，千万不要做无关的动作，看表、修指甲、打哈欠、伸懒腰等都是不合时宜的。

3. 适当地插话

聆听上级的话时，偶尔插上一两句赞同的话是很好的，不完全明白时加上一个问号也是非常需要的，因为这正表示你对他的话留心。但是，你不可以把发言的机会抢过来，就滔滔不绝地说自己的，除非上级的话已告一段落，该轮到你说话时才可以这样做。

4. **适当地提问**

适当地提问可以表明你正在用心地听。这可以满足上级的虚荣心，使其更有兴致谈下去。若做“永远”的听众，而不发一言，不仅与欢愉的气氛格格不入，也会使上级失去交谈的兴致。很多事实证明会提问题的人，在谈话以后都被对方认为是会说话的人，而并不在意他实质上什么也没说。

5. **倾听要有耐心**

有些上级常喜欢把一件已经对你说过好几次的事情重复地说，也有些上级会把一个笑话说了好多次还当新鲜的东西。你作为一位听众，此时要练习一次忍耐的美德了。你不能对上级说“这话你已经说过很多次了”，这样会伤害他的自尊心，你唯一能做的事是耐心地听下去，你心里明白他是一个记忆力不好的人。你应该体谅上级，而且他对你说话时充满了好感和诚意，你应该同样用诚意来接受他的诚意。

总之，与上级交谈的时候，你若想博得对方欢心，想把交流愉快地延续下去，那么，请不要只是傻傻地倾听，要学着适时地附和。这种附和式地倾听不仅能促进你和上级的情感，加深相互间的理解，还能引发精神上的共鸣，达到双向沟通的良好效果。

乐于服从，听从上级的工作安排

少说多听，无论在什么时候都不失为做人做事的上上策。对现如今的人们而言，无论是在生活中还是工作中，无论身在何处，人们无时无刻不在通用着这一点。而在处处陷阱的职场中，在充满“杀机”的机关里，少说多听的另一个意思就是服从。

服从，是下属的重要品质，也是必须遵守的一项义务。下属服从上级的命令，是上下级开展工作、保持正常工作关系的首要条件。

服从，意味听从上级的安排，处在服从者的位置上，就要遵照指示做事。

面对上级布置的任务，服从命令是第一选择。毕业于西点军校的沃尔玛创始人沃尔顿经常说："没有服从就没有执行，团队运作的前提条件就是服从。我们要的不是和上级作对的员工，而是服从上级决策，第一时间完成任务的员工。"即使上级有所偏颇，你也应该冷静下来，找机会慢慢把问题分析清楚，而不应一时冲动使矛盾升级，使事态扩大。

有一句话叫作：理解的要执行，不理解的也要执行。也就是说，即使我们不能理解上级的话，我们也要听着，而不要去随便反驳上级和抵制上级的命令。

有位年轻人从一所著名的石油大学毕业后，被分配到一个海上油田钻井队工作。在钻井队工作的第一天，队长要求他在规定的时间内登上几十米高的钻井架，把一个盒子送到最顶层的主管手里。他拿着盒子快步登上高高的狭窄的舷梯，气喘吁吁地登上了井架的顶层，按时把盒子交到了主管手里。主管打开了盒子，并从盒子里取出一样东西，然后封好包装并在上面签下自己的名字，就让他送回去。他又赶快跑下舷梯，把盒子交给队长。此时，队长又拿出一个新盒子，也在上面签下自己的名字，让他再送给主管。

他看了看队长，犹豫了一下，又转身登上舷梯。当他第二次登上顶层把盒子交给主管时，浑身是汗两腿发颤，主管却和上次一样，仔细看了一会儿后又在盒子上签下名字，让他把盒子再送回去。他擦擦脸上的汗水，转身走向舷梯，把盒子送下来，队长重复着第一次的动作，再次换了个新盒子并签完字，让他再送上去。

这一次他心里有些不高兴了，但他看着队长没有表情的脸，便忍着没有发作，又拿起盒子艰难地一个台阶一个台阶地往上爬。当他上到最顶层时，浑身上下都湿透了，他第三次把盒子递给主管，主管看着他，不紧不慢地说："你把盒子打开吧。"他打开盒后才发现，里面只装着 2 枚螺母。他愤怒地看着主管一句话也没说，想看看下面还会有什么安排。

主管这时对他说："把这 2 枚螺母拧到那边的螺丝上。"年轻人这时再也忍不住了，"叭"地一下把盒子摔在了地上："如果你们觉得这样戏耍人有意思的话，我不干了！"说完他看看倒在地上的盒子，感到心里痛快了许多，刚才的愤怒全释放了出来。

这时，主管站起身严肃地对他说："螺母虽小，但是固定井架的非常重要的一个构件。你可能不知道，你反复地上下并没有白忙活，因为最后送上来的才是合适的螺母。再者，我们刚才让你做的这些，叫作承受极限训练，因为我们在海上作业，随时会遇到危险，这就要求队员身上一定要有极强的承受力，承受各种危险的考验，才能完成海上作业任务。作为一名优秀的海上油田钻井队队员，首先应该对上级命令绝对服从，它是成就油田事业的素质之一。可惜，前面三次你都通过了，只差最后一点点，你没有把螺母拧到螺丝上。现在，你可以走了。"

服从上级的安排是下属工作中的行为准则。服从就是无条件地执行，就是不找任何借口，快速认真地依从上级指令完成任务。倘若一个人对公司的管理制度和营销政策总是嗤之以鼻，嘲笑制度死板，抱怨销售指标太高，他能自觉地遵守各项条规，百分百地执行目标吗？总是一副自命不凡的样子，认为上级的能力还不如他，根本不把上级放在眼里，他能认真按照上级的意图去完成工作吗？接获任务时，总要讲条件、问原因、找理由，一副推三阻四、老大不高兴的样子，他能高质量、圆满地完成任务吗？

在下属和上级的关系中，服从是第一位的，是天经地义的。下属服从上级，是上下级开展工作，保持正常工作关系的前提，是融洽相处的一种默契，也是上级观察和评价自己下属的一个尺度。因此，作为一个合格的下属，必须服从上级的命令。

有一个国企的负责人，在谈到他的人生经历时特别强调：无论在什么情况下，都要听上级的。当年像他一样的处级干部，全公司有八十多人。而现在他和另外一个负责人是硕果仅存，其他的悉数被淘汰。

为什么那么多人都不能与时俱进，不能享受公司上市以后的丰厚收入，而他们俩能青松挺立永不倒？一句话，就是听老板的话，做老板让做的事情。

有位公司的员工代表他的公司拿下一个大项目，但是半路插进一个程咬金——某权威部门的一个下属公司要做这个项目。员工的老板说让给那个公司去做，他很不情愿，就去请教国企的这个人。得到的主意是：让！因为这样做，老板会在心里记住他的这个业绩。

这招儿出得妙，出的是正招儿。他本人，后来也真的获得了事业上的成功，可以说，正是他坚持不懈地听老板的话，最终才在老板的荫蔽下青松不倒。

只有服从命令，上级的决策才能得到有效执行。作为下属，必须具有良好的服从观念和服从意识。因为上级的地位、责任使他有权发号施令，同时，上级的权威、整体的利益，不允许下属抗令而行。有人对此作了非常生动的描述："上级的命令，好似大炮发射出的炮弹，在命令面前你无理可言，必须绝对服从。"一位西点上校讲得更为精彩："我们不过是枪里的一颗子弹，枪就是美国整个社会，枪的扳机由总统和国会来扣动，是他们发射我们。"所以，无论如何，我们都要做到：上级作决定时我一定要"服"从；上级要我解决问题时我一定会"顺"从；与上级没有共识时我尽量"听"从。

领会意图，说出上级想说的话

中国人的普遍特点是含蓄，特别是在讲话的时候，要表达什么意图不会直接说出，会迂回委婉地讲出。上级说话也是如此。他们不会每次都以率直的语言表达出来，有时嘴上说"这样做"，心中却要求"那样做"。也就是说，上级有时因为碍于情面，会用委婉暗示或其他曲折隐晦的方式把自己的要求说出来，因而，他所形之于语言的和他内心所期待的并不完全合拍，表里一致。这就要求你在平时深入观察，仔细揣摩，熟谙上级的习性，这样才能正确地理解上级的意图。否则在具体执行过程中，就会发生很大偏差，甚至与上级的想法完全背道而驰。

清朝有一个县令，被分配到山东省候补，第一次谒见抚军。按照惯例，凡是部属来参见长官，必须穿蟒袍补服（所谓蟒袍是清代官员的公服，用缎做成，一般为夹层，视官阶大小，上绣五蟒至九蟒不等。补服是加在蟒袍上的外褂）。即使酷暑也不能免除。因为当时正是炎热的夏季，这位县令刚在抚军的厅堂坐下，就汗流浃背，热不可当，于是拿起随身携带的圆扇振臂狂挥。抚军说："为什么不脱掉外褂？"县令说："是，是。"

于是，让他的仆人帮他脱掉了外褂。过了一会儿，挥扇如故，抚军笑着说："为什么不解带宽袍？"县令说："是，是。"于是离开座位一件一件解带去袍。回到座位上，县令自顾自地在抚军面前谈笑风生，不自觉地把扇子换到右手，又从右手换到左手，不停地换来换去地扇个不停，把风扇得飒飒有声。

抚军起初以为他是耐不住热，继而为他的放肆而生气了，于是斜视着眼睛用反语戏弄他说："怎么不连衬衫也脱去，那样比较凉快。"这县令应声就脱去衬衫。抚军看他这般无知无礼，立即拱手说："请茶。"抚军的左右立即传呼"送客"。因为清时官场习惯，属员谒见长官，长官不愿意再继续谈下去，就以"请茶"示意。茶碗一端，侍役就高呼"送客"，这时客人必须立即辞出。

县令听到"送客"，仓促间没有办法，来不及穿戴，急忙取了帽子戴在头上，左边腋下夹着袍服，右肘挂上念珠，提着短衣，踉跄而出，犹如杂剧中扮演小丑登场。抚军府中的官吏小厮，哧哧地笑得直不起腰来。县令刚回到公馆，抚军命令他回原籍学习的告示牌已经高高地悬挂在大门外面了。

县令因没有读出上级的言外之意，误将抚军的气话当成了真心话，让上级一看就觉得是个愚笨的人，怎能不生厌烦，他自己的乌纱帽又怎么能保住呢？

可见，说话办事违背上级意图，就会把事情弄糟。在职场中，一定要注意分辨上级所说的话的真正意思，听不懂上级话里隐藏的含义，很容易形成误解。

如果你想博得上级的赏识，不能光靠嘴说，还要用耳朵听，用心去领会。了解上级的意图，不必上级明说就能揣测到，最能考验一个人的悟性。我们经常听到上级说某某人"悟性好"，也经常听到上级抱怨某某人"死脑瓜子"。由此可知，善于领悟上级意图是倾听的一个重要方面。

李续宾是曾国藩手下善于揣测其意图的爱将。有一次，曾国藩召集众将开会，分析当时的军事形势时说："诸位都知道，洪秀全是从长江上游东下而占据江宁的，故江宁上游乃其气运之所在。现在湖北、江西均为我收复，仅存皖省，若皖省克服……"

此时，李续宾早已明了曾国藩的意图，于是顺势道：“大帅的意思，是想要我们进兵安徽。”

“对。”曾国藩赞赏地看了李续宾一眼，“续宾说得很对，看来你平日对此早有打算。为将者，踏营攻寨计算路程尚在其次，重要的是要胸有全局，规划宏远，这才是大将之才。”

在与上级沟通时，不但要用耳朵听，更要用脑袋听，才能正确解读上级话中的信息，进而准确把握上级的真实想法，说出切合上级心思的话语，赢得上级的信任和好感。

听上级说话，不仅要听字面的意思，还要听他话语之外的弦外之音。这是一种境界很高的倾听，也是倾听中最不容易做到的。在实际工作中，学会倾听提高领悟力，要善于领悟上级的意图，对于自己的发展有着重要的意义。

某公司的一位主管，当他是职员的时候，一次老板找他谈话，老板先是夸了他的业绩不错，认为可以担当更重的职责，然而又说最近行业不景气，利润比去年下滑得厉害，最后就问这位职员如果你做部门主管的话会不会考虑裁员。当时他愣了一下，马上就第一感觉说不会，因为很多同事都一起出生入死的。记得当时老板脸色有点变，后来，他的同事升了部门主管。事后他才明白，老板的意思就是想裁员，如果他不是凭个人感情用事，而是站在企业发展的角度去考虑，那么升职的就会是他。

由于上次教训，这位职员开始注意老板的语言，有一次老板要去欧洲出差，在此之前问他：你的英文和老外交流没问题吧？虽然他对英语不那么自信，但他听懂老板的潜台词是：如果可以的话就让他一起去欧洲。他当然就说没问题，果然他获得了这次公干的机会，而英文上的不足他就在回家后补。

和老板一起在意大利的时候，他们拜访一些老客户，老板对其中一位客户的产品明显感兴趣，但价格有一点高，就用咨询的口气问他，这位职员回答是很不错，值得购买。其实他知道老板已经作好了买的决定，只是确定一下。果然，老板兴高采烈地和这家公司签约了。

后来这位职员在很多时候，听着老板的话，联系他前面的话语，看着他的表情，他就能知道老板的话外之音是什么了，回国之后这位职员升上了主管的位置。

一个人在一般情况下不会轻易将他的真实意图直截了当地表达出来。作为上级，也是如此。很多时候，上级的真正意图需要你经过仔细考虑揣摩去做。所以，你不妨多花点心思，仔细揣摩上级的心思，了解他的真实想法，才能说出他想听的话，从而赢得上级对你的好感。

当然，我们必须认识到，揣摩上级的意图并不容易，需要长期练习，才有可能同其达成思想上的默契。所以，若没有十成的把握，你最好不要妄加判断。在上级吩咐做事或有所指示时候，若听得不是十分明白，你不妨问得再清楚些，不要出于顾忌心理不好意思去问，只是去想当然地执行，否则在具体执行过程中，就有可能发生很大偏差，如果与上级的想法完全背道而驰，恐怕麻烦的就是自己了。

技巧④

适当幽默，拉近与上级的距离

幽默是一门魅力无穷的语言艺术，它可以化解许多人际间的冲突或尴尬的情境，能使人的怒气化为豁达，亦可带给别人快乐。具有幽默感的人无论到何处都会受到欢迎。在职场中，如果你与上级的沟通能适时加入一些幽默的话语，就能缓解彼此之间紧张的谈话气氛，拉近彼此的距离。上级在欢声笑语中也容易对你产生好感，从而在今后的工作中更加重用你。

妙用幽默，在笑声中增进与上级的关系

在人际交往中，幽默是心灵与心灵之间快乐的天使，拥有幽默就拥有爱和友谊，凡具有幽默感的人，所到之处，皆是一片欢乐和融洽的气氛。

美国学者特鲁指出："幽默是一种能力，一种了解并表达幽默的能力；幽默是一种艺术，一种运用幽默和幽默感来增进你与他人的关系，并改善你对自己作真诚评价的一种艺术。"幽默使我们淡化了生活中不必要的严肃，如果巧妙地加以利用，幽默可以化解烦恼，愉悦身心，对事业、对人生都会得心应手，益处多多。得体的幽默能取悦人心，常言道："笑一笑，十年少。"这句话说明在人的生活中，那种令人逗笑的幽默语言能缓解当今社会那种环境瞬间变化，速度效率急剧加快给人造成的一种莫名的心理压力和焦虑，使人的心情变得轻松愉快，谈笑风生，笑口常开。所以说具有幽默感的人能给人一个良好的印象，同时，幽默感是人的比较高尚的气质，是文明和睿智的体现。

有一个刚毕业的女大学生，求职经历很是不顺。一次，她求职一家外企的文秘职位，在网上把简历发出去以后，对方很快将未能录用她的通知用电子邮件发给了她。可能是系统出现了什么错误，对方接连发了两封E—mail给她。她于是就幽默了一把，根本没有想到这把幽默还能够给她带来什么好运，她这样回信说："既然您对没有录用我表示如此的遗憾和内疚，那么为什么就不能给我一次面试的机会呢?"然而，她万万没有想到，可能就是由于那封信的原因，对方给了她一个更好职位的面试机会，并且她顺利通过了。

在后来与外国经理的相处过程中，她也总能够抓住机会幽默一下，使得本来尴尬的气氛变得缓和，而且，结局永远是快乐的。

例如，有一次，外国经理不小心把一杯可乐打翻在了办公室里的地毯上，他很不好意思地对这个女孩说："一会儿蟑螂部队肯定会大规模地袭击我的办公室。"这个女孩想了想，微笑着看着经理说："绝对不会，因为中国的蟑螂只喜欢吃中餐。”经理很愉快地看着他，放声大笑，以后的日子里，她很是得到这位经理的器重，工作也非常顺利。

幽默是一种智慧、一种艺术，它可以体现出一个人的知识与修养。如果能善于用幽默的语言跟上级交流，就能有效拉近你们的距离。心理学家凯瑟琳说过“你能使周围的每一个人甚至是整个世界的人，都对你有好感。只要你不只是到处与人握手，而更是以你的友善、机智、幽默去传播你的信息，那么时空距离就会消失。”幽默能够引发喜悦，带来欢乐。幽默可以改善自己的人格和品质。幽默在文明社会中已经成为人们精神生活的一个重要方面。

有一个人在市场上买了6只来自中国的麻雀，决定用它们去讨好国王。

按照这个国家的习惯，7是大吉大利的数字。要是送去6只，国王兴许会不高兴的，他一发怒，可就麻烦了。

但是，中国麻雀只有6只，怎么办呢？他想了半天，决定混进一只本国麻雀，凑足7只，献给国王。

国王一见，果然高兴。他仔细地把它们逐一玩赏了一遍，突然发现有一只本国麻雀混在里边，立即大怒，责问他：“这是怎么回事？是不是你自恃博学多识，欺我寡陋无知？”

这个人一听，知道自己闯了大祸，吓得索索地发抖。突然，他想起一个理由，忙对国王说：“陛下，这只本国麻雀是一位翻译。”

国王听后，哈哈大笑。

幽默是人际交往的润滑剂，一句幽默语言能使双方在笑声中相互谅解和愉悦。

在通常情况下，真正精于谈话艺术的人，其实就是那些既善于引导话题，同时又善于使无意义的谈话转变得风趣幽默者。这种人在职场上往往如鱼得水、左右逢源，可算是谈话中的幽默大师。

上级刚看完一本小说，对秘书说：“这本书写得太好了，只是字数太少了。我看了几天就看完了，太不‘解渴’了。”

秘书调侃道：“不解渴，我这有一瓶汽水，给您解解渴吧。”

上级“扑哧”一声笑了：“你总是能让我开心。每次跟你说话，我都会感到很放松。”

在这个案例中，上级的意思是惋惜，意犹未尽，而秘书却出其不意地把这个意思转化为“渴了”，令上级一下子乐了起来。其实，在与上级交往的过程中，你并不需要每天都毕恭毕敬，有时候，如果能恰当地制造幽默，往往会收到很好的效果。

幽默能显示出一个人的风度、素养和魅力，能让人在忍俊不禁、轻松活泼的气氛中工作、生活和学习。幽默是一种高深的说话艺术，不仅能给周围的人以欢乐和愉快，同时也可以提高个人的语言魅力，为谈话锦上添花。

三位女人到一家公司面试一份秘书工作，面试的最后问题是：“如果你发现你这个月的薪水多出一百美元，你会怎么处理?”

第一位答道：“我会直接通知有关部门，先生!”

第二位答道：“我会写一张通知到有关部门，低调处理！先生!”

第三位答道：“先生，坦白的告诉你，我会当着什么事都没发生过，然后给自己买一件上衣。”

你猜谁会被录用?

答案：买上衣的女人!

幽默是一个人对待生活态度的反映，是对自身力量充满自信的表现。只有对自己的前景充满希望，才能发出由衷的笑声。一个具有幽默感的人，能时时发掘事情有趣的一面，并欣赏生活中轻松的一面，建立起自己独特的风格和幽默的生活态度。这样的人，容易令人想去接近；这样的人，使接近他的人也分享到轻松愉快的气氛，这样的人，更能增添人的光彩，更能丰富我们生活的这个社会，使生活更具魅力，更富艺术。

幽默是一种良好的修养，一种充满魅力的交际口才技巧。得体的幽默能制造宽松和谐的交谈气氛，能改善人际关系或摆脱困境，实现完美人生。尤其是在与上级说话时，得体的幽默更能博得上级的好感，拉近与上级之间的距离。

增强幽默感，赢得上级的赏识

上级与下属的关系，是一种上下级的关系，但是除此之外，双方还应该建立友爱合作的关系。作为一个下属，在恰当的时间、场合和上级开一个富有幽默情趣的玩笑，在拉近与上级之间的距离上，可以收到良好的效果。

周一早晨上班，小王与经理有了下面一段对话：

经理："听说你周末去郊外骑马了，骑得怎么样？"

小王："不太坏，不过我那马太客气了。"

经理："太客气了？"

小王："是呀！当我骑到一道篱笆前的时候，它让我先过去了。"

经理一听这话便知道是马把小王摔下来了，而小王却自我解嘲说是"马太客气了"，由此产生了逗人发笑的效果。

上级在欢笑之余也会觉得小王具有不错的幽默细胞，自然会对他有不错的印象。

幽默的良好效果在很大程度上取决于它的调侃。几乎没有上级喜欢自己的下属总是呆板和过于一本正经，而往往更喜欢那些能够给办公环境创造轻松氛围的人。因此，懂得幽默更容易给工作环境带来轻松和快乐，从而使同事和上级都更喜欢你，使你成为职场上很受欢迎的人。

小李长得比较瘦，经理在工作之余经常拿他开玩笑。

这天，经理又拍着小李瘦弱的肩膀笑着说："小李，就你这个小身板，真是活脱脱一只瘦猴。"

小李听了就机智地说道："经理，瘦猴也有瘦猴的好处呀，比如说机灵，比如说反应灵敏。我要不是有这些优点，您当初也不会把我招进公司了呀。"

经理一听到小李的回答，不由得笑了。

面对经理有点调侃的玩笑话，小李没有气恼，而是顺势抓住经理的话头，巧妙地和经理开起了玩笑，最后经理也被他逗笑了。

要想与上级拉近距离，与上级沟通时保持幽默风趣是重要因素。幽默能够迅速消除人与人之间的距离感，并在对方心中留下好印象。如果你总是严肃着脸、一本正经、难得一笑，那就很难给上级留下好印象，其成功的希望也就因此而渺茫得多了。

练兵场上，连长正领着新兵们操练。连长喊“立正”，新兵整齐地站在连长的对面。连长继续命令：“向右看齐！”新兵们把头侧向了右边。

但是，连长看到有一个新兵却把头侧向左边。于是连长又喊了一遍：“向右看齐！”但那个新兵还是把头侧向左边。

连长有点恼火地问那个新兵：“你为什么向左看？”

那个新兵胆怯地说：“都向右看，我怕敌人会从左边上来。”

在日常生活中，一句妙言、一则笑话或者是一段小故事就能够让我们消除紧张、化解矛盾、摆脱尴尬、永葆和谐。正如爱默生所讲：“如果你想统治这个世界，就必须使这个世界有趣。”

其实，要领悟与上级说话的幽默之道，并非难事，关键是要找到其中的诀窍，不断增强自己的幽默感。

1. 不断丰富自己的知识

幽默是一种智慧的表现，它必须建立在丰富知识的基础上。一个人只有有审时度势的能力，广博的知识，才能做到谈资丰富，妙言成趣，从而作出恰当的比喻。因此，要培养幽默感必须广泛涉猎，充实自我，不断从浩如烟海的书籍中收集幽默的浪花，从名人趣事的精华中撷取幽默的宝石。

2. 灵活运用修辞手法

极度的夸张、反常的妙喻、顺拈的借代、含蓄的反语，以及对比、拟人、拈连、对偶……都能构成幽默。另外，选词的俏皮、句式的奇特也能构成幽默。表达时，特殊的语气、语调、语速以及半遮半掩、浓淡相宜或者委婉圆巧、引而不发——甚至一个姿势、一个心照不宣的微笑，都能表达意味深长的幽默和风趣。

3. 培养高雅的情趣

幽默是有雅俗之分的。好的幽默不但令人笑，笑之后精神还为之振奋，情操得到陶冶，感情得到满足，得到美的享受，而且也表现了幽默人的修养、气质的高超。而低俗的幽默，是智力贫贱的产物，使人觉得荒唐、无聊与庸俗，幽默者本人是不会得到真正的朋友的。

在一家饭店，一位顾客生气地对服务员嚷道："这是怎么回事？这只鸡的腿怎么一条比另一条短一截？"服务员故作幽默地说："那有什么！你到底是要吃它，还是要和它跳舞？"顾客听了十分生气，一场本来可以化为乌有的争吵便发生了。

所以，幽默应高雅得体，态度应谨慎和善，不伤害对方。幽默且不失分寸，才能促使人际关系和谐融洽。

4. **培养深刻的洞察力**

提高幽默感的另一个重要方面就是提高观察事物的能力，培养出机智、敏捷的能力。只有迅速地捕捉住事物的本质特征，以恰当的比喻，诙谐的语言，才能使人们产生轻松的感觉。

总之，培养自己的幽默感，并非是一朝一夕的事情，只有在日常生活中处处留心，经常向幽默高手学习、互动，你才有可能成为一个有幽默感的人。那样的话，你也一定能赢得更多人的喜欢。

巧用幽默，向上级提出你的要求

幽默是一种智慧，是一种聪颖，是一种机敏。凡是幽默的人无不具备一种俯瞰茫茫人世的洞察力，一种居高临下、笑看芸芸众生的优越感。

在职场中，我们常常需要向上级提出某些请求或表达出一些见解。有些人在表达自己的看法或者建议的时候，常常因为在语言的表述上的失当之处，让上级对自己颇有微词，从而致使自己的一些看法或建议不容易被上级认可。其实，向上级提意见是一件极需要技巧的事情。在各种向上级表达看法的方法之中，借助幽默的语言是一种比较可取的方法。

李浩在一家外资企业打工，在较短的时间内，连续两次提出合理化建议，使生产成本持续下降。洋老板非常高兴，对他说："年轻人，好好干，我不会亏待你的。"

李浩当然知道这句话可能意义重大，也可能不值一文。他想要点实在的，便轻松一笑，说："我想你会把这句话放到我的薪水袋里。"洋老板会心一笑，爽快应道："会的，一定会的。"不久，李浩就获得了一个大红包和加薪奖励！

面对老板的鼓励，李浩如果不是这样俏皮，而是坐下来认真严肃地提出加薪要求，并摆出理由若干条，岂不大煞风景，甚至适得其反。

轻松幽默的语言，往往能引起上级感情上的愉悦；只要有可能，最好能把庄重严肃的话题用轻松幽默的形式说出来，这样对方可能更容易接受。

南唐的时候，税收很繁重，商人很头痛。京师地区连年大旱，民不聊生。一次，烈祖在北苑大摆筵席，对群臣说："外地都落了雨，单单京城里不落雨，不知是什么缘故？"申渐高很幽默地说："雨不敢进城来，怕抽税呀！"烈祖不禁大笑起来，随即废除了苛捐杂税。

申渐高言语幽默，将税收过重的害处揭示得淋漓尽致。这对烈祖来说无疑是一服清醒剂，让烈祖在笑声中醒悟过来。

让对方在笑声中醒悟，从而达到了说服的目的，不能不说这是一种十分高明的沟通智慧。英国小说家毛姆在其《人性的枷锁》中说过一句亘古名言："身居高位之人，即使请你批评指正，他所真正要的还是赞美。"因为，这是人性所在。因此，为了达到指责的目的，你要含蓄、幽默、机智，让上级顿悟。

在《资治通鉴》中有这样一个故事：

宋太祖赵匡胤在臣子张思先面前说下大话："因你这次为君为国作出如此重大的贡献，我决议让你官拜司徒。"

张思先左等右等总不见任命下来，可是又不好当面质询，这会让皇帝面子上不好看，也可能此事就吹了。左思右想，只能幽默一下，来个皆大欢喜。

有一天，张思先故意骑一只奇瘦之马从赵匡胤面前经过，并惊慌下马向皇帝请安。赵匡胤问到："你这匹马为何如此之瘦？是不是你不好好喂它？"张思先回答："一天三斗。"赵匡胤问："吃得这么多，为何还如此之瘦？"张思先回答："我答应给它一天三斗粮，可是我没给它吃那么多。"于是，二人大笑不止。赵匡胤是个聪明人，马上有所顿悟。第二天，就下旨任命张思先为司徒长史。

幽默通过创造一种快乐而友好的气氛来减轻你身旁的烦恼。僵硬地表达使上级感到不舒服，而微笑和机智却能熄灭怒火、减轻沮丧。幽默可以促进更好地沟通和理解，它不仅会把快乐停留在你的身边，更重要的是还能让上级感到高兴。幽默感的确可以提高一个人受欢迎的程度。

幽默是最好的人际沟通润滑剂。人的生活因为幽默而更有趣味，有趣味的生活会让人更加愉快。说服中有了幽默，会让艰难的思想工作变得轻松；劝导中有了幽默，会让固执己见的人笑纳意见。当你与上级相处时，掌握幽默这门艺术，你会发现，它可以在职场中让你与上级沟通，并能发挥想象不到的作用。

幽默有度，对上级的幽默要恰到好处

现代生活中实在太需要欢乐和笑声了，轻松幽默的笑话是生活的调料，笑口常开能使人驱散忧愁、打破寂寞、远离呆板乏味，永远充满青春活力。但是，幽默也要注意原则，掌握分寸。

台湾作家刘墉曾经说过这样一段话："幽默就像抓痒。抓轻了，不痒，没有效果。抓重了，不是痒，是痛，得到反效果。抓得不是时候，对方不但不痒，还可能冒火。"如此看来，幽默的效果并不总是好的，你必须认清对象、把握机会，并使分寸恰好保持在"不轻不重、不多不少"的程度。如果你运用不当，就会引发不良后果，影响人际关系。

公司里，经理随性惯了，早上来上班的时候总是忘记刮胡子。

小王平日里说话比较随便，想到什么说什么。这天小王看到经理又忘了刮胡子了，就随口说道："经理，你身上最锋利的是什么东西？"

经理愣了一下，掏出兜里的水果刀说："我看是我身上的这把水果刀。"

小王摇摇头说："经理，我看不见得，应该是你的胡子。"

经理十分不解："为什么？"

小王笑着说道："因为它的穿透力非常强嘛。"而在经理看来这句话的潜台词是说："经理，你的脸皮真厚。"

经理听到小王的这句话，脸色一变，甩头走了。

从此，经理逐渐冷落了小王，有什么好事情也轮不到小王了。小王为他随口说出来的幽默话付出了沉重的代价。

由此可见，不恰当的幽默或者过分的幽默会使别人处于难堪之中。一旦你对上级说了不恰当的幽默，不但达不到联络感情、调节气氛的效果，反而会无意中伤害上级的自尊，有损上级的身份和权威。

人人都喜欢幽默睿智之言，上级也不例外。幽默需要机智，需要自嘲，需要胸怀，需要对人的博爱，需要对人的关怀，需要心灵的火花闪耀，唯一不需要的就是对他人没有顾忌地"开涮"，即使是善意的也不需要。但是，许多人却不知道善用这个利器，或者是不知道该怎么用，甚至不得其法最终弄巧成拙，最终使自己的印象在上级心目中大打折扣。

小刘从小就练习钢笔字，所以他的字刚劲有力、气派非凡。而他的顶头上级王经理写的字就没那么好看了，所以他一直很忌讳别人说他写的字不好看。

这天，小刘去找王经理签文件，他看到经理的字写得歪歪扭扭的，笑说："经理，人们常说写字像鸡爪的人是因为小时候吃太多鸡爪了，您是不是也是这样……"

小刘本想和经理开个玩笑，没想到经理听了他这番话后脸色就变了，冷声说："上班时间，禁止闲谈，好好回去工作！"

小刘顿感自己的幽默运用失误了，触及了经理的短处，可惜已经来不及挽回了……

在与上级说话时，适时地运用幽默，会达到一种亲切融洽、彼此增进感情的效果。然而一些不恰当的玩笑，会让上级感到失去了应有的优越感，自己的地位和权威仿佛也被下属挑战了。这样的情况下，上级又怎么会对这个下属产生好感呢。

在适当的场合，选择适当的幽默感是十分优秀的一种表现。因为这样可以缓解说话的气氛，增加自己语言的可听性，使大家在一种更为轻松，更容易接受的谈话状态中领会，交流。这也就是大多数人喜欢幽默的原因。但如果不分场合地开玩笑，不仅无法达到效果，而且还可能受到别人的讪笑，乃至于引起别人的反感。比如在严肃的会议桌上，当大家正在为公司的发展困境眉头紧锁的时候，乱开玩笑可能会引起上级的不满，认为你不关心公司发展，想抽身事外，独善其身。

美国总统里根一次在国会开会前，为了试试麦克风是否好用，张口便道："先生女士们请注意，五分钟之后，我们将对苏联进行轰炸。"一语既出，众皆哗然。显然，里根在不恰当的场合和时间里，开了一个极为荒唐的玩笑。为此，苏联政府对美国提出了强烈的抗议。

看来，幽默是一把双刃剑，运用得当，锦上添花，转败为胜。但若不分场合和对象，一味乱搞笑，乱幽默，就会引起他人的反感或厌恶。

幽默不是恶搞，不是简简单单逗人一乐。幽默要机智、会心，还要有一点点洒脱和大度。只有将幽默灵活驾驭的人，才会为语言增加色彩，提高自己的吸引力和风度。但如果不切合场景，只学会幽默的皮毛，却抓不住幽默的实质，结果轻则成为无人理睬的冷笑话，重则赔了夫人又折兵。

借用幽默，改变你在上级心中的位置

幽默是一种聪明智慧的体现，是一个永远都用不完的智慧锦囊。幽默者不仅可以摆脱困境，保护自己，开心别人，更能塑造自我，更能不断地完善自我。

在职场之中，不论你只是其中的普通一员，或是担任主管、部门经理等，善于运用幽默的力量，都能让自己获益匪浅，在社交活动中游刃有余，不断成功。

约翰是美国一家大型公司的经理，他任职的公司要在圣诞节举办一场盛大的庆祝活动，邀请公司所有重要的客户参加，借此联络沟通感情，为日后的合作建立良好的基础。

一切都进行得很顺利，离宴会正式开始还有半个多小时了，他再次检查了一下相关的准备工作，没有什么纰漏。他长舒了一口气，悠闲地坐在角落里，等候着宴会的正式开始。这时，他的助手慌慌张张地跑过来，焦急地说："我们为宴会特别准备的苹果不知怎么少了一袋，怎么找也找不到了。"约翰一听，便知道事态的严重。圣诞节 Party，苹果是最重要的点缀，任何东西都可以找到替代品，唯独苹果不能缺少。而这次为庆祝会准备的苹果，是几天前在当地一家最有名的果园采摘的，大小、色泽都是经过专门挑选的，而且都特别加上了本次庆祝会的印记。如果现在再去购买苹果，肯定来不及了。但如果在宴会过程中出现苹果短缺的情形，那么问题可就大了。

聪明的约翰想了想，问身边的助理，我们的食物中有没有准备得特别充足的。助理说："我们准备了足够多的小点心，供应两场宴会都没有问题。"约翰对助理笑笑说："这就好，我有办法。"

宴会开始了，宾客来到苹果区，看到果盘前放了一个精致的小牌子，上面写道："请别拿多了，上帝正看着你呢，圣诞节快乐。"大家不禁莞尔一笑，很自觉地每人取了一个。接着，大家来到放点心的区域，看到也有一个小牌子，上面写着："不要客气，要多少拿多少，上帝正忙着看着前面的苹果呢，圣诞快乐。"走到这里，所有的宾客都忍不住呵呵地笑弯了腰。结果，这场 Party 宾主都无比尽兴。

聪明的约翰用机智和幽默化解了工作中的意外，不仅将困难悄无声息地解决，还为宴会带来了意想不到的乐趣和笑声，可谓一石二鸟，事半功倍。

在人际交往中，我们轻松幽默地说些得体的话，可以松弛神经，活跃气氛，营造出一个适于交际的轻松愉快的氛围，因而幽默的人常常受到上级的欢迎与喜爱。

某公司在举办的产品展销会上，几位年轻的营销人员用专业术语详细地向消费者介绍了产品的性能、使用方法等，给人以业务精通的印象。在回答消费者提出的问题时，他们反应很快，对答如流。最重要的是，他们的表现既彬彬有礼，又幽默风趣，给消费者留下非常难忘的印象。

有消费者问："你们的产品真能像广告上说的那么好吗?"营销人员立即答道："您用过，就会发现它会比广告上说的更好。"

消费者又问："如果买回去使用后发现性能并不好怎么办?"营销人员马上笑着回答："不，我们相信您的感觉。"

展销会大获成功，产品销量大大超过往次，更重要的是，产品品牌的知名度得到了提高。在公司召开的总结会上，经理特别强调，是营销人员语言训练有素才让这次展销如此成功。他要求公司全体人员都应像营销人员那样，在“说话”上下一番功夫，既能提升自己的语言魅力，也能提升公司的整体形象。

幽默可以显示出一个人的说话水平，恰到好处的幽默往往能取得意想不到的效果。作家普里兹文曾经说过：“生活中没有哲学还可以应付过去，但是没有幽默则只有愚蠢的人才能生存。”幽默是一个人的学识、才华、智慧、灵感在语言表达中的闪现，是一种“能抓住可笑或诙谐想象的能力”。

在与上级沟通时，善用一些幽默的技巧，能改善上级对你的印象，加深对你的了解。上级会在轻松愉快的幽默语言里和你拉近距离，你的职场晋升路也会因此走得更顺。

在一个重要的工作场合，亚太区总裁忽然问：“詹姆士，你能对这份报告负责吗?”

詹姆士脑袋“嗡”的一下，预感到亚太总裁不信任自己的报告，于是索性用西方的习惯动作耸耸肩膀，一缩脖子说道：“对不起，先生，我不能，这是大家的智慧，需要大家来负责更公平!”

这时总裁又问道：“你是在说谎或者在讲童话故事，是吗?”

詹姆士镇静地答道：“是的，先生，很对不起!”

这时会场上一片笑声，会后亚太区总裁修改了年度目标，按照以往的惯例，是一定要追究责任和加以处罚的，这次的破例，詹姆士认为还是幽默化解了他的不满和不快。

幽默的说话技巧，可以避免麻烦事落到自己身上，能容易处理棘手的事务，让你的工作生涯加倍轻松，更能让你名利双收。

身处竞争激烈的职场，拥有了幽默就意味着比别人拥有更多的机会。幽默具有极大的包容量和亲和力，它不仅可以使人轻松摆脱尴尬，更可以树立自己的形象，增加自己的人格魅力和人际吸引力。总之，幽默是与上级沟通的有效捷径，它能在无形间拉近你和上级的距离，给上级留下良好的印象，从而有利于你的职场发展。

幽默地表达你的意见，上级更容易接受

在工作中，我们常常会碰到一些令我们不满的事情。有了不满，我们总想表达出来让对方明白，但如何表达这种不满却有一定的学问。那么，能否找到一种既能达到自己目的又不会让对方难堪的方法呢？有！幽默定能让你如愿以偿。

有位公司经理，他的最大爱好就是给员工开会，而且一开就是三五个小时，为此员工怨声载道，这位经理却还是一切如故。

一天晚上，经理又在给员工开会。3个小时过去了，会还没开完。这时，一位中年女员工站起身来对经理说："经理，我想申请先离开。"

"你干什么去，李玲？会还没有开完呢。"

"我得回家，我家有孩子要照顾。"

经理虽然无奈，不过也勉强同意了。

过了半个小时，又站起来一位年轻的女员工，也是想申请先离开。

"你要去哪儿，王晶？你家并没有孩子要照顾呀。"

"经理，如果我总坐在这里开会，那么，我家永远也不会有孩子的。"

会场响起了一阵嗤笑声。而经理听了王晶的这句话，终于意识到这个会开得确实有点长了，因此宣布会议暂时告一段落。

面对喜欢长篇大论的上级，下属既不能直接打断他，也不能用过于直白的言语来表达自己的想法。面对这样的难题，王晶就处理得不错，用幽默的反讽暗示经理，让他意识到问题的所在。这样一来，王晶既没有得罪经理，又使自己逃离了会议的苦海。

面对一件又一件恼人的事情，与其暴跳如雷，不如幽上一默轻松搞定；一针见血的真心话，不一定非要板起面孔严肃地说教，轻松幽默地表达，效果会更好；恶语伤人，朋友也会变仇人，用幽默的话语巧加提示，能博人一笑让人深思。同样的道理，如果你对上级抱有意见，但又不好直接指出，这时借用幽默的话语往往能说出自己的心声。

一家工厂的厂长在中午去视察工作的时候，顺便询问了一下工人们的午餐状况。大部分工人都含糊其词地对他说“还行”、“可以”，只有一位工人很满足地说：“一个苹果、一个鸡腿、一碟腊肉、一碗小米粥、两个夹肉卷饼、三块蛋糕，长官。”

厂长听了之后，满是疑惑地问这位工人：“这都快赶上国王的早餐了！”这位工人毕恭毕敬地对他说：“长官，很遗憾，这是我在外面餐馆吃的。”

这次视察之后，厂长马上下令改善了工人的伙食待遇。

这是一位很善于迂回表达对工厂伙食不满的工人，他用有些幽默俏皮的语言既可以让厂长一下子就明白工人想要的伙食标准，又可以让厂长很容易接受自己的想法。一个小小的幽默就是这样的奇妙。

幽默是人的思想、学识、智慧和灵感在语言运用上的结晶，是瞬间闪现的光彩夺目的火花。幽默初看起来似乎是一种表面的滑稽和形式的逗笑，而实际上它是以严肃的态度来对待对象、现象和整个世界。它能使听者对你的说话感兴趣，达到你想要表达的目的。

有一个公司的经理，脾气非常暴躁，下属对他有什么意见也只是敢想不敢说。

这天，经理下达了工作命令：“徐亮，你务必要在一天之内把这份资料送到这几十位客户的手上。”

徐亮听后，知道这根本就是不可能完成的任务，因为时间太有限，而且客户比较分散，光是花在路上的时间就很多。

为了让经理意识到这个难题，徐亮诚恳地说：“经理，我知道这份资料对客户来说很重要。但是要在一天之内完成这个任务，除非我是孙悟空，翻个跟头就是十万八千里，或者我是个短跑冠军，但显然，我二者都不是，所以，您看是不是重新考虑一下时间和人员的问题?”

经理听了徐亮这个自嘲式的玩笑，意识到这个任务执行起来确实有难度，所以重新规划了人员和时间，徐亮的意见终于被经理采纳了。

徐亮是聪明的，面对经理给自己下达的高难度任务，他没有直接提出反对意见，而是巧妙运用幽默的言语让老板意识到问题的所在，从而成功达到了提意见的目的。

幽默是一种语言表述方式，它融技巧性和轻松感于一体，让人们在诙谐与笑声中解决问题。当你需要向上级提建议时，不妨通过幽默的方法，把建议表述得含蓄委婉，从而可以使自己处在进可攻、退可守的位置。

秦朝的优旃是一个有名的幽默人物。有一次，秦始皇要大肆扩建御园，多养珍禽异兽，以供自己围猎享乐。这是一件劳民伤财的事，但大臣们谁也不敢冒死阻止秦始皇。这时能言善辩的优旃挺身而出，他对秦始皇说：“好，这个主意很好，多养珍禽异兽，敌人就不敢来了，即使敌人从东方来了，下令让麋鹿用角把他们顶回去就足够了。”秦始皇听了不禁破颜而笑，并破例收回了成命。

优旃之所以成功地劝服秦始皇，主要是使用了幽默的力量。他的话表面上是赞同皇上的主意，而实际意思则是说如果按皇上的主意办事，国力就会空虚，敌人就会趁机进攻，而麋鹿是没有能力用角把他们顶回去的。这样的正话反说，因为字面上赞同了秦始皇，优旃才足以保全自己；而真正的含义，又促使秦始皇不得不在笑声中醒悟，从而达到了他的说服目的。

在给上级提意见时，如果能像上例中的优旃一样，把直言而实的意见变成幽默语言，那么不仅能表达了自己的意见，而且能让上级在笑声中轻松接受你的意见。上级在接受你的意见同时，会觉得你是一个会说话的幽默人，对你也会产生更多的好感。

自我解嘲，制造和谐的交谈气氛

幽默感是一种高雅而可贵的情趣，是智慧和感情的结晶。它一直被人们称为只有聪明人才能驾驭的语言艺术，而自嘲又被称为幽默的最高境界。由此可见，能自嘲的必须是智者中的智者，高手中的高手。

自我解嘲是在自己尴尬的处境下，诙谐地为自己进行辩解或嘲讽。生活中，许多人都是善用自嘲的高手。他们利用自嘲调节气氛、化解尴尬。

一次，萧伯纳在街上行走，被一个冒失的骑车人撞倒在地，幸好没有受伤，只是虚惊一场。骑车人急忙扶起他，连连道歉，可萧伯纳却做出惋惜的样子说：“您的运气不好，先生，您如果把我撞死了，您就可以名扬四海了!”

被人撞到是件令人懊恼的事，但是心态乐观的萧伯纳只是小小地自我解嘲了一下。他的机智回答不但体现了自身的幽默和大度，还使肇事者不至于太难堪，实在是高明!

自嘲无疑是帮助我们摆脱困境的最好语言方法手段之一。当言谈陷入窘境时，逃避嘲笑并非良方，也不是超脱。相反，你怒不可遏地反击，反唇相讥也会遭到更多的嘲讽，不如来个超脱，自嘲自讽，反而显得豁达和自信。这种超脱使自己摆脱了“狭隘的自尊心理束缚”，又堵住了别人的嘴巴。记得一位幽默大师临终前，只对人类说了一句话，而这句话的主要意思就是奉劝后人要懂得并善于使用幽默。

在某俱乐部举行的一次盛宴招待会上，服务员倒酒时，不慎将啤酒倒到一位宾客那光亮的秃头上。服务员吓得手足无措，其他人也都是目瞪口呆。这位宾客却微笑地说：“老弟，你以为这种治疗方法会有效吗?”在场人闻声大笑，尴尬局面即刻被打破了。

这位宾客借助“自嘲”，既展示了自己的大度胸怀，又维护了自我尊严，消除了挫折感。

自嘲是一种幽默的说话方式，也是一个人智慧的体现，它可以协调人与人之间的紧张关系，张扬解嘲者幽默风趣的个性。巧妙地运用自嘲的方式来扭转困境，这往往要比大量的解释、道歉来得迅速有效。呵呵一笑中，大家往往能够放下误会，将不快尽付笑谈中。

工作中，难免会出现尴尬，特别是在和上级相处的过程中，有时候突然无话可说，或者关系很微妙，那么你可以使用幽默的语言，化解这份尴尬。

清朝乾隆年间，一年中秋，乾隆皇帝招集爱臣在御花园饮酒赏月。乾隆提出要与纪晓岚对句，以助雅兴。他首先吟出上句：“玉帝行兵，风力雨箭云旗雷鼓天为阵。”吟罢后，他得意地朝臣子扫了一遍，把眼光停在纪晓岚脸上，看他如何回答。纪晓岚沉着地答道：“龙王设宴，日灯月烛佳肴海酒地作盆。”不仅句子妥当，而且地作盆较之天为战场，气势更加宏大。乾隆听后，刚才的得意神色黯淡了，纪晓岚见这情景忙解释说：“主子为天子，故风雨云雷，任从驱遣，威慑天下；臣乃酒囊饭袋，故视日月山海，都在庭席之中。不难看出，主上好大神威，为臣不过好大肚子罢了。”经他这样自我解嘲，乾隆立刻露出得意之色，说："爱卿饭量虽好，如非学富五车，也不会有这样大的肚子哟！"

自嘲是一种良好修养、充满魅力的语言技巧。自嘲，能制造宽松和谐的交谈气氛，能使自己活得轻松洒脱，使人感到你的可爱和人情味，有时还能更有效地维护面子，建立起新的心理平衡。在与上级相处的过程中，它能有效地协调自己与上级、与同事之间的紧张关系。

一次开办公会议的时候，按照惯例大家都要把手机调成振动模式。小张拿出自己新买的手机，熟练地按了几个键后，便放到了口袋里。可是，上级正在讲话时，小张的手机却铃声大作。顿时，上级的讲话停止了，整个会议室的目光都转向小张。小张一时面露尴尬之色，有些不知所措。但马上他又嬉笑着说："十分抱歉，这手机是我刚买的山寨货，果然很山寨，震动了还会响铃。"他的自嘲为自己解了围，同事们也乐得呵呵一笑，会场又重新恢复了正常，而上级也没有和他计较，继续讲话。

在与人的交际中，一旦因自己失误而造成不好下台，最聪明的办法是：多些调侃，少些掩饰；多些自嘲，少些自以为是；多些低姿态，少些趾高气扬。

用自嘲来处理烦恼与矛盾，会使人心情愉快、其乐融融。一个有幽默感的人不仅能让人觉得相处愉快，这种幽默也常常被看成可爱至极，并能深深吸引他人。

如果说幽默是智慧和力量的结晶，那么自嘲则是智慧和勇气的结果，鲁迅说过："我的确时时解剖别人，然而更多的时候是更无情地解剖自己。"解剖自己需要勇气，自嘲同样需要勇气，一个敢于自嘲懂得自嘲的人，必定是个自信的人、人际关系良好的人。

面临窘境，用幽默摆脱尴尬场景

在生活和工作中，我们往往会遇到令人发窘的问题和尴尬的处境，那怎样才能做到遇事不惊乱，从狼狈难堪的境地中解脱出来呢？运用急中生智的幽默是最好的方法。会说话的人会巧妙地用幽默轻轻拂去可能飘来的一丝不快，改变人们的心情和处境，建构起特有的幽默氛围，巧妙得体地摆脱自己遇到的尴尬场景。

小丽是一家跨国企业的部门秘书，她的部门经理是一个女老外。

有一次，小丽给她送午餐，却不小心打翻了餐盒，所有的东西都掉在了地毯上。

经理见状，顿时激动起来，便冲着小丽喊道："哦，上帝，赶紧清理干净，要不然蟑螂就要来袭击我的办公室了。"她就这样冲着小丽反复叫嚣着。

这个时候，小丽也没有乱了阵脚，一边打扫一边抬起头，微笑着说："经理，放心，这种事不会发生的，因为中国的蟑螂只爱吃中餐。"

听到小丽这样一说，女老外便停止了叫嚣，脸色也顿时放晴，心情一下子顺畅了。

机智地运用幽默，可以解除尴尬的局面，赢得上级的鼓掌喝彩。与人相处的过程中，尴尬局面是不可以避免的，假如你这时能来点幽默，就会在很短的时间内整理好热烈的气氛，摆脱窘境。就像富兰克林·罗斯福所说的那样："幽默是人际沟通的洗涤剂。幽默能使激化的矛盾变得缓和，从而避免出现令人难堪的场面，化解双方的对立情绪，使问题更好地解决。"

清代有名的才子纪晓岚，体态肥胖，特别怕热，一到夏天，就汗流浃背，连衣服都湿透了。因此，他和同僚们在朝廷值班时，常找个地方脱了衣服纳凉。乾隆皇帝知道了，存心戏弄他们。这天，几个大臣正光着膀子聊天，乾隆突然从里边走出来，大伙儿急急忙忙找衣服往身上披。纪晓岚是近视眼，等看到皇上，已经来不及披衣服了，只好趴在地上，不敢动弹，连大气都不敢出。

乾隆坐了两个小时，不走，也不说一句话。纪晓岚心里发慌，加上天热，一个劲儿流汗。半天听不见动静，他悄悄地问："老头子走了没有?"这一下乾隆和各位大臣都笑了。皇上说："你如此无礼，说出这样轻薄的话，你给我解释清楚，有话讲则可以，没有话讲可就要杀头了。"纪晓岚说："臣还没穿衣服，怎么回圣上的话呢?"乾隆让太监给他穿上衣服，说："亏你知道跟我说话要穿衣服。别的不讲，我只问你老头子是怎么回事?"趁穿衣服的时候，纪晓岚已经想好了词儿。他十分恭敬地对皇上说："皇上万寿无疆，这不是老吗？您老人家顶天立地，是百姓之头呀！帝王以天为父，以地为母，对于天地来讲就是子。连在一起，就是老头子三个字。皇上，臣说的有错吗？”说的都是好话，当然没错，于是，皇上很高兴。纪晓岚也松了一口气，心想：以后可不敢随便称呼皇上了。

纪晓岚据理巧辩，能够自圆其说，本来是随便、轻视的一句话，被他解释成充满溢美之意的奉承话，使乾隆皇帝转怒为喜，自己也免了一场灾祸。真不愧是一位有着大智慧的人物。

幽默是一种良好的、健康的品质，恰到好处的幽默更是智慧的体现。在与上级相处中，幽默可以显出你的聪明之处，也可以引起上级的兴趣，可缓和紧张的局面，可以使大家开怀大笑。

在沟通中，幽默语言如同润滑剂，可有效地降低人与人之间的“摩擦系数”，化解冲突和矛盾，并能使我们从容地摆脱沟通中可能遇到的困境。

在与上级相处时，往往会遇到令人尴尬的处境，要想从难堪的境地中解脱出来，可以运用急中生智的幽默。建构起特有的幽默氛围，就能巧妙得体地摆脱尴尬场景。

迈克在一家大公司工作，他常常在工作时间去理发店。一天，迈克正在理发，碰巧遇见了公司经理。他想躲，可经理就坐在他的邻座上，而且已经认出了他。

“好啊，迈克，你竟然在工作时间来理发，这是违反公司规定的。”

“是的，先生，我是在理发。”他镇定自若地承认：“可是你知道，我的头发是在工作时间长的呀。”

经理一听，勃然大怒：“不完全是，有些是在你自己的时间里长的。”

“是的，先生，您说得完全正确。”迈克答道：“可我并没有把头发全部剃掉呀！”

不论其行为正确与否，单就这幽默的对答就体现出员工的信心与机智，他相信，与自己的上级开个玩笑是在当时情况下最好的处理方式，姑且不论上级听完一席话之后是否欣赏他的聪慧与口才进而提拔他。

在职场中，适当的幽默能帮助你与上级建立和谐的关系，赢得上级的信任和喜爱。无论你从事什么工作，处在何种地位，与上级交往是不可避免的。幽默不仅能帮你更好的与上级进行有效的沟通和交往，还能帮助你摆脱一些尴尬和不利的局面。

某公司职员向经理请假说下午去看牙医，经理便同意他早退。

然而当天下午。经理在办公室看电视转播的棒球赛实况时，却看见那位职员和他的女朋友坐在观众席上！

第二天上班，经理一见到那位职员就责问："你说你昨天看牙医，怎么又跟你女朋友看棒球去了呢？"

那位职员表情一怔，随即回答：

"啊！经理，原来昨天你也在看球赛！坐在我旁边看比赛的那个她，就是我的牙医呀！"

这位职员的回答很巧妙、很滑头，谁都不难听出他是在胡扯，但是经理见他表现如此机灵，也就一笑置之地原谅了他。

当面临窘境时，如果不懂得灵活反应，只会让自己陷入更加不利的境地。这时，不妨运用幽默的方式为自己开脱，上级在你的机智话语中也会比较容易谅解你。

不论你从事的是什么行业，幽默的力量都能为你的工作增色不少。它能帮助你含蓄而豁达地表现自己，帮助你成功地与上级交往和沟通，帮助你在逆境中将困难一一化解。风趣幽默的语言往往能产生"四两拨千斤"的力量，达到举重若轻、一言九鼎的交际效果。在与上级交往的过程中，不妨适时使用一下幽默，相信定能达到你想要的交流效果。

技巧⑤

谨言慎行，别让上级讨厌你

职场无小事，需谨言慎行。这是与上级工作中相处的一个基本原则。谨言并不意味着一言不发，而是让你不要随意地说话。大嘴巴，或者傲慢无礼，都有可能引起上级的反感。不经思考的脱口而出只适合那些未成年孩子，而成年人要经大脑思考才会说好话。性格直率无可厚非，但如果过于情绪化，不管别人的感受那就是幼稚的行为。特别是职场新人，你的一言一行直接影响你的“人际关系”，因此说话前一定要注意。

指出错误，要给上级留面子

中国人都讲究面子，对于中国人来说保全自己的面子也就是在保全自己的尊严。乞丐不食嗟来之食，为的就是保住自己的面子和尊严，可见其对人们的重要性。面子对我们每个人都十分重要，对上级来说更是如此。上级的面子受损，会使他感到自己的权威受到挑战，进而对你怀有敌意，所以，说话办事时一定要注意给上级留面子。

唐太宗李世民是以善于纳谏著称的明君，但也曾因魏徵当面指责他而感到生气。一次，他在宴请群臣后，酒后吐真言，对长孙无忌说："魏徵以前在李建成手下供事，尽心尽力，当时确实可恶。我不计前嫌地提拔任用他，直到今日，可以说无愧于后人，但是魏徵每次劝谏我，当不赞同我的意见时，我说话他就默然不应。他这样做未免太没礼貌了吧？"长孙无忌劝道："臣子认为事不可行，才进行劝谏；如果不赞成而附和，恐怕给陛下造成其事可行的印象。"太宗不以为然地说："他可以当时随声附和一下，然后再找机会陈说劝谏嘛！这样做，君臣双方不就都有面子了吗？"

唐太宗的这番话流露出他对尊严、面子的关注，也反映了上级的共同心理。试想，如果唐太宗并没有这么英明，并没有这么大的胸怀和气量，恐怕魏徵的脑袋早就搬家了。其中的经验与教训不能不为下属三思，引以为戒。

历史上，因不识时务，不会看上级脸色行事而遭杀头的人不在少数，其中不乏一些忠心耿耿的英雄豪杰，如三国时的许攸就是因为当面顶撞上级而遭杀头的。现实中有意无意地给上级丢面子、损害上级的权威、常常刺伤上级的自尊心的也大有人在，因而也常常遭到公报私仇的结果。其实，这不能全怪上级，即便是宽容的上级也希望下属维护他的面子和权威，而对刺激他的人感到不舒服、不顺眼。

公司召开年终总结大会，经理讲话时出了个错，他说："今年本公司的合作单位进一步扩充，到现在已发展到58个。"话音未落，一个下属站起来，冲着台上正讲得眉飞色舞的经理高声纠正道："讲错了！讲错了！那是年初的数字，现在已达到82个了。”结果全场哗然，经理羞得面红耳赤，情绪顿时低落下来，他的面子顿时被一句突如其来的话丢得干干净净。

当众表达反对意见，会激起上级的不良情绪反应，挫伤上级的自尊和脸面，造成不必要的冲突和摩擦。下属的直言不讳，往往会使上级脸上无光，威名扫地，而上级的身份又决定了他非常需要这些东西。

在上级的眼里，如果下属在公开场合使自己下不了台，丢了面子，那么这个下属肯定是对自己抱有敌意或成见，甚至有可能是有组织、有预谋地公开发难。在公开场合不给上级留面子的结果是，上级要么以牙还牙，通过行使权威来找回面子，要么怀恨在心，以秋后算账的方式慢慢报复。这种结果，自然是下属在提出批评和意见时所不愿看到的。

所以，下属在公共场合给上级提意见时，一定要注意给上级留有面子。只注重所提意见的初衷和合理性，而不考虑其实际效果，这样的劝谏只能给下属带来灾祸。

一家公司的经营连续几个月不景气，主要原因是由于销售部经理的短见和固执己见造成的。在经营讨论会上，王林看到经理依然不能听大家的意见，而且有意向管理层隐瞒自己的失误，王林忍无可忍，拍案而起，指责经理的种种不是，同事们为他的勇气感到惊讶。他也自认为这样做是为了公司的利益，没有什么个人恩怨掺杂其中。看到经理在大家的注视下，脸色十分难看，紧紧咬着嘴唇，此时，王林才发现自己做得有些过火。

给上级留面子，是与上级相处的原则。上级总要保持一定的尊严，所以在面对上级时，要注意维护上级的尊严，注意给上级留面子，这样才能够和上级很好地交流。相反，如果不给上级留面子，上级也肯定不会听从你的意见，即使你的意见是正确的。

作为一名职场中苦苦打拼的下属，要用自己敏锐的感性思维去观察分析，照顾好上级的面子，切不可“太岁头上动土”使自己陷入尴尬境地。一般来讲，照顾好上级的面子，应该注意以下几点：

首先，换位思考一下，如果你是上级，下属在众人面前咄咄逼人地驳斥你的方案，你会做何感想？不舒服的心情肯定会有的，何况你猛烈抨击上级的观点，丝毫不顾及他的感受。上级是非常在意公众形象的。如果你丝毫不为他考虑，一定要用自己的高明来凸显他的无知，甚至对他进行人身攻击，质疑他的智商，即使胸怀再宽广的上级恐怕也难以容忍这样的下属。所以说跟上级沟通一定要讲究方式和方法。

其次，尽量维护上级的面子。俗话说："人活一张脸，树活一层皮。"面子对于上级来讲尤其重要。所以在很多时候，即使下属很有道理，也千万不要失礼，更不要因为自己的失礼而让上级的面子遭到损害。做到以"礼"服人比以理服人更高明。在与上级交谈时，应该表现出对他极大的尊重。注意力要集中，不要显出无精打采、漫不经心的样子，太过无所谓的态度，必然会大大伤害上级的尊严。

最后，无论上级是对是错，你都要完整地听完，然后再婉转地表达自己的见解。在上级的观点是正确的情况下，下属对他应表现出应有的尊重，积极地表示认同。假如你觉得上级错了，想和上级理论一番，不能直接反驳，可以在会后和上级单独沟通，并且要以商量的语气和上级说明。

说话谦虚，不要抢了上级的风头

在职场中，有些人自命不凡或者自作聪明，不甘低调行事，总希望通过在上级面前展示自己的才能来获得好评。殊不知，这种自我表现很可能会抢了上级的风头，触犯职场的潜规则。

王刚是一家公司的销售员，平日总是自恃才高，对公司作出过很大贡献，目空一切，和老板在一起时便常常忘记自己的身份，过分表现自己，抢老板的风头。

有一天，王刚正在和老板一起商量事情，正好有客户来访。于是，他立即抢在老板前面与客户握手、寒暄。交谈时，本该说话的是老板，他也替老板说了，给人感觉他才是公司的老板，完全忽略了老板的存在。

送走客户，老板终于忍不住把他批评了一通，说他目无上级，不清楚自己的职位。本来老板是准备提拔提拔他的，从此以后，这个想法也就打消了。

王刚之所以会落到如此地步，就是因为他过分展现自我，抢了老板的风头，所以被老板训斥也就是情理之中的事了。

作为下属，如果表现得比上级更能干，在上级面前不掩盖锋芒，上级可能不放心你，可能怕你抢他的位子。就很可能不用你，连被用的机会都没有，你怎么可能有发展和前途呢?

上级最忌讳下属自表其功，自矜其能。这很容易会遭到上级的猜忌、排斥和嫉恨。如果你能聪明地把用汗水和心血换来的功劳大方地奉献给上级，不抢风头，不功高震主，你将会有晋升和加薪的机会。

作为下属，重要的一点是给自己准确定位，既不能有意识地压低自己，让上级看不起你，又不能故意抬高自己，抢尽上级的风头，给上级造成心理和精神压力，其结果对自己当然是非常不利的。所以永远也不要抢上级的风头。

媛媛是一家公司的编辑。刚到公司时，作为公司唯一的研究生，很受上级的器重。媛媛也表现得特别积极，工作完成得相当漂亮，在公司内部也赢得了同事的认可。没过多长时间。上级就找她谈话，鼓励她好好干，下个月给她升职。听到这样的话，媛媛表现得更加敬业了，只要公司有事情需要做，她都争先恐后。

但是，过了一个月，本来上级许诺给她的升职机会被同部门的另一个同事抢走了。郁闷的媛媛反思自己这段时间的工作才发现，原来是自己触动了职场上的“警戒线”。

有一次，公司老板下来视察工作，主管有事情刚出去，于是媛媛就毛遂自荐地要代表部门向老板介绍最近的工作情况。她分析了业绩下滑的原因，同时也提出了一些提高业绩的建议。后来，老板找到了主管，要求他近期调整策略。主管就很不高兴，从此交给她的任务也少了。

还有一次，在公司组织的产品策划会上，在谈论关于产品销售途径的问题上，媛媛还没等着主管发表意见，就自顾自滔滔不绝地把自己内心的想法都说出来了。她当时还在想，这是一次表现自己的机会。当时主管的表情异常严肃，她还以为是在考虑她的意见呢。现在想想，自己当时肯定是没有顾及主管的面子。

失去了这次机会之后。媛媛在公司的工作也变得不顺利。不到一个月的时间，就被主管以不适合这份工作为由辞退了。

古人云："木秀于林，风必摧之。"每个人都有不安全感。当你在上级面前展现自己、显露才华时，很自然会激起上级的怨恨及妒忌，这是可以预期的。所以如果你想给上级留下好的、深刻的印象，那么你千万不能表现过头，炫耀自己的才能往往会适得其反。因为这会引起上级的恐惧和不安。你要想办法让你的上级看起来有一种优越感，感觉自己高人一等。这样，你将会获得权力的提升。

一个人的成长和进步是离不开上级的栽培和提携的。要想获得上级的欣赏，与之相处之时首要一点就是维护他的权威，懂得他内心深处的需求。只有体察到他的行事意图，才能够成为上级工作中的得力助手，不会因不慎的言辞使自己的事业横生枝节。

龚遂是汉宣帝时代一名能干的大臣。当时渤海一带灾害连年，百姓生活疾苦，纷纷起来造反。当地官员镇压无效，汉宣帝只能派年近七十的龚遂去任渤海太守。

龚遂就任后，安抚百姓，鼓励农民垦田种桑，规定农家每口人种一株榆树，一百棵茭白，五十棵葱，一畦韭菜；养两口母猪，五只鸡。对于那些心存戒备，依然每天带着剑的人，他劝慰道："干吗不将剑卖了买头牛？"

经过几年的整治，渤海一带社会安定，百姓安居乐业，龚遂也名声大振。于是汉宣帝召他还朝。他有一个属吏王先生，请求与他一起去长安，并对他说："我对你会有好处的。"然而，此人经常一天到晚喝得醉醺醺的，其他属吏都反对他去，怕他坏事，但龚遂还是带他一起上了长安。

一天，皇帝要召见龚遂，王先生便对看门人说："去将我的主人叫来，我有话要对他说。"

尽管王先生整天一副醉汉的嘴脸，但龚遂也不计较，还真来了。王先生问："天子如果问大人是如何整治渤海的，大人如何回答？"

"我就说任用贤才，使人各尽其能，严格执法，赏罚分明。"龚遂说。

王先生连连摇头道："不好不好，这样说岂不是自夸其功吗？大人要这样回答：'这不是微臣的功劳，是天子的神灵威武所感化！'"

龚遂接受了他的建议，按他的话回答了汉宣帝。宣帝果然非常高兴，并将龚遂留在身边，任以显要且轻闲的官职。

龚遂正是由于说话谦虚，将功绩归于汉宣帝，才让自己的晚年更加有了着落。

永远不要让你的光芒遮盖了你的上级。上级毕竟是上级，他需要一种绝对的权威，需要下属对他的认可、敬畏和服从，这也是上级的价值和尊严所在。职场中遇到出风头的事，一定要多思量，考虑周全。做事情把握分寸，要到位而不要越位，总是比上级矮一截，或是适当地把功劳让给上级。任何情况下不让上级觉得你是对他有威胁的，能够做到这些，你自然就能够在陷阱重重的权力森林中得以自保，进而提升自我，获得事业的成功。

凡事多请示，不要替上级拿主意

在演戏的过程中，每个人都有自己的角色定位，如果你是一个配角，你就要甘愿当好主角的绿叶，做好陪衬工作，不要抢镜头，不要超越你的角色范围。否则，就会造成角色越位，遭到导演的批评。在职场中，也有同类的事情发生。我们常常看到这种现象：有些人由于没有摆正自己的位置，弄得上级很不高兴，对此耿耿于怀。于是，上级处处给你“使绊子”，或不动声色的给你“穿小鞋”。因此，在职场上，只有正确扮演自己的角色，才会获得事业上的成功。反之，如果你不顾自己的身份角色，说出一些不符合自己职场身份的言论，将会影响你的前途。

刘利生年轻干练、活泼开朗，入行没几年，职位便一升再升，很快成为单位里的主力干将。几天前，新上级走马上任。上任伊始，就把刘利生叫了过去：“小刘，你经验丰富，能力又强，这里有个新项目，你就多费心盯一盯吧。”

受到新上级的重用，刘利生自然欢欣鼓舞。恰好这天要去上海某周边城市谈判，刘利生一合计，一行好几个人，坐长途汽车不方便，人也受累，会影响谈判效果；打车吧，一辆坐不下，两辆费用又太高，还是包一辆车好，既经济又实惠。

主意定了，刘利生却没有直接去办理。几年的职场生涯让他懂得，遇事向上级汇报一声是绝对有必要的。于是，刘利生来到上级跟前。

“上级，您看，我们今天要去谈判，”刘利生把几种方案的利弊分析了一番，接着说，“所以呢，我决定包一辆车去。”

汇报完毕，刘利生发现上级的脸不知道什么时候拉了下来。上级生硬地说：“是吗？可是我认为这个方案不太好，你们还是买票坐长途车去吧。”

刘利生愣住了，他万万没想到，一个如此合情合理的建议竟然被上级否决了。

“没道理呀，傻瓜都能看出来我的方案是最佳的。”刘利生大惑不解。

其实，问题就出在“我决定包一辆车”这句自作主张的话上。刘利生凡事多向上级汇报的意识是很可贵的，但他错就错在措辞不当。在上级面前说“我决定如何如何”是最犯忌讳的。假如他换一种说法：“上级，现在我有三个选择，各有利弊。我认为包车比较可行，但我做不了主，您经验丰富，帮我作个决定行吗？”上级听到这样的话，自然眉开眼笑。所以说，在跟上级说话的过程中，一定要摆正自己的位置。说话时照顾到上级的感受，不能乱发表言论，更不能说出越位的话。

作为下属，你可以给公司的运行提出自己的建议，但是最终的决定权在上级的手中，不要说出不符合自己身份的话。重要的是做好自己的工作，不要越级、越权管其他的事情。否则，遇上心胸狭窄的上级，会耿耿于怀，认为你不尊重他的上级地位。

“糟糕！”经理放下电话，就叫了起来，“那家便宜的商品，根本不合规格，还是原来李经理的好。”狠狠拍了一下桌子，“可是，我怎么那么糊涂，写信把他臭骂一顿，那封信写得很不客气，这下麻烦了！”“是啊！”秘书王琳转身站起来：“我那时候也说要您先冷静冷静再写信，您不听啊！”“都怪我在气头上，应该想到那家一定在骗我，要不然怎么会那样便宜。”经理来回踱着步子，指了指电话：“把电话告诉我，我亲自打过去道歉！”王琳一笑，走到经理桌前：“不用了！告诉您，那封信我根本没寄。”“没寄？……”“对！”王琳笑吟吟地说。“嗯……”经理坐了下来，如释重负，停了半晌，又突然抬头：“可是我当时不是叫你立刻发出吗？”“是啊！但我猜到您会后悔，所以压下了。”王琳转过身、歪着头笑笑。“压了三个礼拜？……”“对！您没想到吧？”王琳很是得意地说。

“我是没想到。”经理低下头去，翻记事本：“可是，我记得那天是叫你发，你怎么能压着不发呢？那么最近发长沙、武汉几个客户的信，你也压了？”“我没压。”王琳脸色发亮，不无得意地说：“我知道什么该发，什么不该发……”“你做主，还是我做主？”没想到经理居然霍地站起来，沉声问。王琳呆住了，眼眶一下湿了，两行泪水滚落，颤抖着、哭着喊：“我，我做错了吗？”“你说呢？”经理斩钉截铁地说。事后，王琳被记过处分。

在一个团体之中，每一个人都应该找准自己的位置，说话办事要把握好尺度，千万不要替上级作决定。这样，才能够与上级和谐相处，并得到他的信任和赏识，在个人事业的发展上，也会少一些不必要的阻碍。

一天，李敏被派往韩国参加一个展览会，当时她非常紧张。她的韩语水平还可以，但缺少实战经验，也不知道专业术语。晚上，她把以前翻译时留下来的资料恶补一番，第二天早上，她大大方方地穿着旗袍站在展台前，毫不胆怯地用韩语和外商打招呼。

有外商到她们公司展位的时候，她没有冒充一个经验丰富的贸易人员，而是直率地告诉他们：“我刚刚毕业，还有很多不懂的和不明白的，请多多关照。”

客户有什么问题，她都把它翻译成汉语，直接问她的上级，而没有自作聪明自己回答，因为她的答案可能是不正确或者是欠恰当的。等这个客户走了，下个客户再来的时候，如果问相同的问题，她即使不用把它翻译成汉语，也知道该怎么回答了。这样的回答肯定是正确无误的。

或许是她的诚恳感动了客户，有好几家客户约她们去公司商谈。展览会结束后，为了能够按时赴约，她主动向上级提出，由她在约定日期的前一天，先把路线走一遍，大体方位确定，以便准时谈判。第二天她们很轻松地就到了约定的地点，结果，谈判进行得很顺利。

上级从此把一些事情很放心地交代给李敏，这就是对她最大的嘉奖。

在职场中，聪明人永远不会代替上级作决定，而是让上级帮他作决定。聪明的下属总是主动向上级请示和汇报，征求上级的意见和看法，把上级的意见融入到工作中去。这样既可以避免工作中犯错，又可以博得上级的欢心。

俗话说，职场如战场。每一个下属都应该在自己的职责范围内说话。在讨论工作的时候，千万不要自以为是，和上级说出不该说的话。坏了规矩的人，终将受到规矩的惩罚。

维护上级权威，不要当面顶撞上级

上级是一个单位或部门的领头人物，他们为了能够更好地完成工作，需要在下属面前树立自己的威信和权威。但是人无完人，上级也有犯错误的时候，面对上级的错误，我们要做的是正确看待上级的错误，维护上级权威和尊严，保护上级的面子，和上级讲话时注意自己的语言和措辞，时刻给上级留有面子，这样才能够和上级很好地沟通，得到上级的重视。

某公司秘书小张就是一个不懂得维护上级权威而断送前程的典型。有一天，秘书小张送阅一份材料给老板，这位老板审阅后，提笔改动了材料中某名人的一段话。

“这句话不能改。”小张告诉老板。

“为什么不能改？”

“这是某名人的原话！”

“某名人也有错的时候！”老板显然不高兴了。

“不用这段话也行，但改动原话恐怕不太好。”小张还在坚持自己的意见。

“我就是要改！”老板有些恼火。

小张怏怏而去……

老板记住了一个秘书小张对他的不尊重。每次研究拟提干部时，最具备实力的“大秀才”小张，都由于某种原因而“搁浅”了。

冒犯上级的权威，实际上就是在和自己过不去。当你与上级相处时，才干和成绩只是提拔晋升中的某些因素，与上级的关系往往是决定的因素。在与上级说话时，要注意维护上级的形象，这既是为了给上级留足面子，也是为了获得上级对你的好感。

宋先生在一家比较知名的企业任总经理助理，他的顶头上级贺总是搞技术出身。由于长期在研究开发领域工作，贺总对于企业管理是一知半解，知之甚少。出于对技术的钟情与依恋，贺总总是喜欢直接插手技术部门的事，把管理的层级体系搞得乱七八糟，属下表面上不说什么，但私下里无不怨声载道，让宋先生与其他部门沟通协调倍感吃力。

经过思考，宋先生决定向贺总提出意见。他对贺总说："真正意义上的上级权威包含着技术权威和管理权威两个层面，贺总您的技术权威已经牢固树立起来了，但是管理权威则有些薄弱，还需要加强。"贺总听后，若有所思。

宋先生巧妙地规劝了自己的顶头上级，结果获得了成功。后来，贺总果然越来越多地把时间用在人事、营销、财务的管理上，企业的不稳定因素得到有效控制，公司运营进入了高速发展的态势，宋先生的各项工作也顺风顺水，渐入佳境。

当发现上级的错误时，我们既不能四处宣扬，搞得人尽皆知，也不能在上级面前，指着他的鼻子痛斥他的过错，或者以为自己抓住了上级的短处，可以和上级套些关系。这些行为只会导致上级对我们的反感，进而孤立我们、疏远我们。要知道，上级是比任何人都要看重自己的面子的。而我们要做的是为了维护上级的权威，在不伤害上级的面子的前提下善意地给上级一些建议。

维护上级权威，要求我们站在上级的立场上，选择合适的切入点，运用温和的语言，既顾及上级的自尊又能引起上级的重视，让他能够发现自己的错误，进而有所改变。

为维护上级的权威，有必要做到以下几点：

1. 上级理亏时，给他留个台阶下

常言道：退一步海阔天空。对上级更应该这样。上级并不总是正确的，但上级又都希望自己正确，所以没有必要凡事都与上级争个孰是孰非。

2. 以包容的态度对待上级的错漏

上级虽然比你成功，但也不可能事事都能做到尽善尽美，当上级自认缜密的决策有所疏漏时，或是他不分青红皂白地指责你时，甚至是他当时心情不好拿你当出气筒时，你首先都要保持平静，保持语速的稳定。切勿直言指

出“你错了”，如果必须指出来，也得采用委婉迂回的说法才行。当上级大发雷霆时，你最好不要争辩，应大度地接受。如果你莽撞地解释，他对你的不悦和怀疑也就越高涨。即使真有解释的必要，也应当等到事后他的火气消了之后，再找机会解释。

3. **藏匿锋芒，不要让上级感到不如你**

大多数上级面对下属时都希望自己在各方面都能盖过下属的锋芒，然而事与愿违，工作中下属在某些方面常常会有杰出表现，甚至超过上级。为了不伤及上级的面子，明智的下属应该尽力收敛锋芒，说话办事尽量不刺激上级那脆弱而又固执的自尊。

4. **不要在公众场合或其他同事的面前跟上级顶嘴**

如果你犯了这个错误，一切都会弄巧成拙。因为上级的威严被你践踏了，即使明知自己错了，也拉不下脸当众承认，如果你又一味地穷追猛打，在大家面前让他出丑的话，吃亏的只会是自己。

掩盖锋芒，别在上级面前卖弄小聪明

在生活中，有些人确实是很有才气，可是却总是想在人前卖弄，总是想证明自己比别人强，但是每个人都有自尊，都不希望别人的光芒掩盖住自己的光芒。

渴望在职场中得到晋升，这本是人之常情，但如果为了晋升，锋芒毕露，总是在关键问题上遮住上级的光芒，那么就算你各方面都很优秀，上级也不会对你有好感，大部分的发展机会也就与你无缘了。

很多人都知道三国时期的杨修，他是一个很有才华的人，可是他却没有得到曹操的重用，而且还是一个“短命鬼”，这是为什么？就是因为他不懂得隐藏自己的锋芒，在曹操面前太锋芒毕露了。关于他的聪明趣事，《三国志》有这样的记载：

有一次，曹操建一所花园，竣工后去视察，不置褒贬，只在门上写了一个“活”字。别人都不解其意，杨修说：“门”内一个“活”字，是“阔”字，说明丞相嫌门修得太阔了。手下人将门重新改造后，请曹操来验收。曹操见了，心里高兴，一问知道是杨修解的字，表面上大加称赞，心里却很嫉恨。

又一次，人送一盒酥糖给曹操，曹操提笔在盒上写了“一合酥”三字，杨修当即将酥糖给大家分吃了。曹操故意问他为什么分吃酥糖，他答道：“丞相下了亲笔令：‘一人一口酥’，我等岂敢违命?”曹操见又是这个杨修识破了他的心意，表面上乐哈哈地说：“讲得好，吃得对，吃得对!”其实内心已对杨修产生厌恶之情了。可杨修还以为曹操真的欣赏他，所以不但没有丝毫收敛，反而把心智用在琢磨曹操的言行上，并不分场合地卖弄自己的小聪明，从而也不断地给自己埋下祸根。

杨修最后一次聪明的表露是在曹操自封为魏王之后，曹操亲自引兵与蜀军作战，战事失利，进退不能。曹操当时出兵汉中，本来是想攻灭刘备，却落了个进退两难。撤退吧，又丢不起面子。正在犹豫之际，厨师端来一盘炖鸡。吃到鸡肋时，大将夏侯惇前来请示夜间口令，曹操随口说出“鸡肋”二字。

杨修知道了，就叫随从收拾行装，准备撤退。有人问他，他说：“鸡肋，食之无味，弃之可惜，可见曹丞相要撤兵了。”曹操知道了，大发雷霆，说他扰乱军心，罪不可赦，借故把他杀了。

虽然曹操事后不久果真退了兵，但平心而论，杨修之死也确实是罪有应得。杨修确实够聪明，但却犯了一个为人臣的大忌，就是不该胡乱猜测统治者的心理，并加以毫无掩饰地传播。就事例“鸡肋”一事来谈，如果杨修不恃才傲物，能从上级曹操的角度来考虑问题，能够注意到曹操的需要，以适当的情绪语言来表达自己的建议，照顾到曹操的自尊心，那杨修的命运就是另一种结局了。

在与上级交谈的过程中要收敛锋芒，言辞和缓。只有受到上级的赏识才能充分展示自己的聪明才智，但如果在他面前故意显示自己，则不免有做作之嫌，上级会因此而认为你恃才傲慢，盛气凌人，而在心理上觉得你难以相处，使彼此之间产生隔阂。

赵凯在一家公司的销售部门工作，他为人乐观开朗，原本是很受公司上级器重的。但是赵凯有一个坏习惯，他喜欢表现出自己什么都明白，有时候说话不分场合。他的这种喜好表现自己的毛病也让他吃过不少亏，但是他总是改不掉，最终让他得罪了自己的上级。

公司开发了一种新产品，为了把这种产品推向市场，公司决定举办一场宴会，为了能够达到最好的宣传效果，上级和全体员工一起开会商讨要如何制订活动方案。

销售经理原本已经有自己的方案，他想要听取一下大家的意见，这时赵凯觉得经理的方案并不是十分完善，于是他说："我觉得这里选的酒店不是十分恰当，这家酒店周围没有足够大的停车场，我知道另外一家酒店，那里环境好，价格便宜，又有足够的停车的位子，比这里好多了。"接着赵凯说了酒店名字，其他人听了他的话之后开始讨论更换酒店的可能性，有人询问赵凯现在还能够和酒店预订吗，赵凯说："当然能了，我和他们经理很熟的。"

赵凯对于自己的表现非常满意，他没有注意到上级已经脸色发白了。赵凯接着说："我觉得酒水我们选法国的葡萄酒吧，我和总经理吃过好几次饭，他每次都点这种酒。"听了他的话大家也都建议换掉方案上的白酒。就这样虽然最后他们得到了一个圆满的方案，但是销售经理对赵凯十分不满，他觉得赵凯完全不把自己放在眼里，是故意让他难堪。

之后的工作中，销售经理都尽量避免将任务安排给赵凯，赵凯的工作越来越少，年底时，每个同事都得到了一个大红包，除了赵凯。

一个人有才能，非常难得。但是，有才之人必须自爱，然后人才爱之。有些人往往认为有才就值得骄傲，常常自我感觉良好，趾高气扬，目无上级和同事。他们蔑视同事，对上级的决策不是善意地提出意见和建议，而是不分场合地加以评论，横挑鼻子竖挑眼，以显示自己的高明。殊不知世界上有才而又谦虚的人多得很，而且根本没有离了谁地球就不转的事。所以，这种恃才傲物的人必然是处处碰壁。

经过几轮面试和笔试，最后牛闯应聘到大家都很眼红的行政部门。牛闯感觉非常好：自己本科学历，性格开朗，口才和反应能力都很强，综合能力好像没有人能超过。

牛闯每天工作起来风风火火，工作完成得也很出彩，有时对上级的决策也提出自己的看法。牛闯还特别喜欢对外联络工作和企业大型文体活动的组织工作，与其他部门混得很熟，可以说是在方方面面都很抢眼。

一次，行政总监召集行政部门开会。会议过程中，当他问到企业年终大会活动的策划要点时，还没等主管发言，牛闯就忍不住把自己的想法和盘托出，并说：这些想法已经和人事部门的负责人作了交流……

三个月后，当上级最终宣布人事任命的时候，留下的却是一个平时闷声不响的同事。牛闯听完这个消息如同晴天霹雳一样，自己怎么会被炒了呢？

作为下属，千万不要试图在上级面前耍小聪明，这必然会遭到上级厌恶。上级会觉得你是在无视他的权威和尊严，完全没有把他放在眼里，他会觉得，你看不起他，想要告诉大家他不适合上级的职位，而你才是合适的人员。对于不尊敬自己、威胁到自己的人，上级一定会第一时间排除他。

“君子有才而不外露”，一个真正聪明的人，无论何时，遇到什么境况都不会将自己的才能全部外露，如果我们时常以低姿态去示人，那么别人就会因为我们的友好而更加愿意和我们交往和合作。相反，如果我们总是以这种天上地下唯我独尊的高姿态展现在别人面前，过多地展现自己，那么我们不仅会招来别人的妒忌，而且别人也不会和我们成为朋友，有的甚至还会成为我们的“敌人”。

身处职场，即使你胸有大志，想要成就自己的事业，也要懂得进退适宜，不要只炫耀自己，多看看上级的优点和长处，向他们虚心地学习，降低自己的表现欲。这样不但能为自己赢得良好的口碑，还能积攒工作经验，为自己赢得上级的好评。

语言得体，别触碰上级的忌讳

俗话说：“打人不打脸，揭人不揭短”。在职场中，如果你想与上级友好相处，就要尽量体谅上级，维护上级的自尊，说话时避开上级的忌讳，千万不要戳上级的痛处。一旦触及言语的“雷区”，自己的职位难保。

午休时间，王奎闲来无事和同事聊天，他们聊起了“当上级好还是做员工好”的问题。王奎说：“要我选择，我还是选择做员工，当上级也太累了。比如我们的顶头上级吧，他的上头还有上级，别看他在我们面前很牛皮烘烘的样子，在他的上级面前，他还不是要点头哈腰装得跟孙子似的。我觉得，一个人每天都要装出两副面孔，怎么活都别扭！”

同事笑着说：“但是，人家的薪酬福利比咱们好呀；人家还有权，能指挥咱们！这些咱们都没有！”

王奎不屑地说：“那都是一时的，我说呀，要是哪天公司不行了，第一个该辞退的就是他！为啥？他比我们拿的工资多，但是技术上的东西却一点也不懂！你说哪天公司不行了，公司是要他，还是要我们？”

王奎以为同事会爆笑，但是却没有，而且他看了看周围，发现大家都在低头干活。这时，他还没有发现上级正站在他的身后，还在说：“你们还别不信，我叔叔开的公司就是这样，前期做上级的一个个都牛得不行，最后怎样？公司陷入低谷，第一个倒霉的就是那些做上级的！”王奎说得激动，手一挥正好打在上级身上，一转头，上级正怒气冲冲地看着他。王奎忙说：“对不起！”余下就不知道该说什么了！

上级不动声色地宣布：“我是来向大家宣布一个消息的：刚才总经理开会时说我们要在两个月内裁员两名，我一直在想，我们大家都挺努力的，裁谁好呢？”王奎发现大家的目光竟然都一起对准了他，他什么话也说不出来了。很快，王奎就被辞退了。这时他才明白，不管在哪里，攻击上级的软肋谈论上级的缺点，都是致命的错误。

被人揭短是一件令人烦恼的事情，它意味着人的尊严受到侵犯，人格遭受欺辱，感情受到伤害。特别是在职场中，当你一句话击中上级的软肋，揭了上级的“疮疤”，只会让上级在面子上过不去，从而诱发了你与上级的矛盾，影响你的发展前途。

明太祖朱元璋出身贫寒，做了皇帝后自然少不了有昔日的穷哥们儿到京城找他。这些人满以为朱元璋会念在昔日共同受罪的情分上，给他们封个一官半职，谁知朱元璋最忌讳别人揭他的老底，以为那样会有损自己的威信，因此对来访者大都拒而不见。

有位朱元璋儿时一块光屁股长大的好友，千里迢迢从老家凤阳赶到南京，几经周折总算进了皇宫。一见面，这位老兄便当着文武百官大叫大嚷起来：“哎呀，朱老四，你当了皇帝可真威风呀！还认得我吗？当年咱俩可是一块儿光着屁股玩耍，你干了坏事总是让我替你挨打。记得有一次咱俩一块偷豆子吃，背着大人用破瓦罐煮，豆还没煮熟你就先抢起来，结果把瓦罐都打烂了，豆子洒了一地。你吃得太急，豆子卡在嗓子眼儿还是我帮你弄出来的。怎么，不记得啦！”

这位老兄还在那喋喋不休唠叨个没完，宝座上的朱元璋再也坐不住了，心想此人太不知趣，居然当着文武百官的面揭我的短处，让我这个当皇帝的脸往哪儿搁。盛怒之下，朱元璋下令把这个穷哥们儿杀了。这就是戳人痛处的下场。

常言道：“人活脸，树活皮。”从心理学的角度讲，人人都有自尊心，维护自尊是人的天性。无论一个人的出身、地位、权势、风度多么傲人，也都有不能别人言及、不能冒犯的角落，这个角落就是人的“忌讳”。要想与上级友好相处，就要尽量体谅上级，维护上级的自尊，避开言语“雷区”！

有句俗语说得好，“矮子面前莫说短话”，别人有生理上的缺陷，或者家庭不幸，或者自己在为人办事方面有短处，心里已经够痛苦的了，不能再雪上加霜了。碰上这些情况都应加以避讳，绝不要“哪壶不开提哪壶”，不然伤害了别人不说，别人也不会轻易放过你的，到头来只能是两败俱伤而已。

公元前592年，晋国大夫郤克在访问鲁国之后，又与鲁国的大夫季孙行父一起去齐国拜访。两人到达齐国领域后，又与卫国的使臣孙良夫，曹国的使臣公子首不期而遇。所以四位使臣结伴而行，一起到达了齐国的国都临淄。

非常凑巧的是，这四位使臣生理上都有一些缺陷：晋国的郤克只有一只眼睛，鲁国的季孙行父头上没长头发，卫国的孙良夫一条腿有残疾，曹国的公子先天驼背。齐顷公在接见了他们四位之后，回到后宫把这四个人的外貌对他母亲萧太后叙述了一番。萧太后好奇心特别重，非要去看一看不可。而齐顷公为了博得其母欢心，准备对这四位使臣戏弄一番。他让人从城内找来一个独眼龙，一个秃子，一个瘸子，一个罗锅，分别对号入座为四位来宾驭车，定于第二天到花园做客。上卿国佐谏曰：国家之间的外交不是儿戏，人家朝觐修好而来，我们应该以礼相待，千万不要嘲笑人家。可是齐顷公偏要仗着自己的国大兵多，别的国家对其无可奈何，不听劝告。第二天，当四位使臣在四位齐国仆人的陪同下，经过萧太后居住的楼台之下时，萧太后与宫女们启帷观望，禁不住哈哈大笑。晋国使臣起初见给他驭车的人也是一只眼睛，以为是偶然巧合，没有在意，等听到嘲笑声后才恍然大悟，原来齐顷公在戏弄他们。

郤克草草饮了几杯之后，便同三国使臣回到馆舍。当他知道台上嬉笑的是国母后，不由得火冒三丈。其他三位使臣也愤愤地说，我们好意来访，齐顷公竟把我们当笑料供妇人们开心，真可恨之极！于是四国使臣歃血为盟，对天起誓，决心协力同心，伐齐报仇。第二年，齐国借口鲁国归附晋国，出兵伐鲁，并顺手牵羊，在卫国边境地区捞了一把。晋国为了保住霸主的地位，来了个新账旧账一起算，汇集四国军队大举伐齐，直打到临淄城下，直到齐国签订了盟约为止。

因“戏客”而引起了战乱，甚至差一点遭到亡国之祸，教训很深刻，也非常发人深省。

我们常说“胖子面前不提肥”、“东施”面前不言丑一样，对让人失意之事应尽量地避而不谈。人人都有各自不同的成长经历，都有自己的缺陷、弱点，也许是生理上的，也许是隐藏在内心深处不堪回首的经历，这些都是他们不愿提及的“疮疤”，是他们在社交场合极力隐藏和回避的问题。被击中痛处，对任何人来说，都不是一件令人愉快的事。尤其是他人身上的缺陷，千万不能用侮辱性的言语加以攻击。无论是什么人，只要你触及了这块伤疤，他都会采取一定的方法进行反击。对上级来说更是如此。所以，在和上级说话时，一定注意不要将上级的缺点说出来，不管是用怎样的方式，也不管你是有心的还是无意的。一旦你随便谈论上级的缺点，“倒霉”的只能是你自己。

中国有句俗话“病从口入，祸从口出”，许多是非往往是我们多嘴多舌造成的。翻人家的污点，触及人家的短处，不管是有意还是无意，对己对人都是不利的，我们在交际时应该多注意，不揭别人的短处。

管好自己的嘴，不要谈论和传播上级的隐私

每个人都是独立的个体，有他自己的思想和见解，也有权保留自己的秘密和隐私，尊重别人的隐私是对人最起码的尊重，也是体现我们自己修养的时候。

所谓个人隐私，是指一个人出于个人尊严或其他某些方面的考虑，而不愿为别人所知道的个人事宜。大家都知道，谁都不愿意把自己的错处或隐私在公众面前曝光，一旦被曝光，就会感到难堪或恼怒。上级的隐私更是下属的禁区，最好不要涉足。即使是上级拉你进来闲聊，你也要保持足够清醒的头脑。

曾有一位很“八卦”的人，在商场发现了自己单位的张经理，正和一位陌生女子在一起聊得很开心，二者看起来关系很亲密，可她得知张经理是有老婆的人，于是觉得自己有了“重大发现”，第二天上班后就四处张扬，说张经理另有情人。谁知得知此事的一个人与张经理关系甚好，就马上将事情告知了张经理。张经理一气之下就找她“理论”，那个女子并不是张经理的什么情人，而是张经理的表妹。她也因此失去了工作。

有时候你知道的事情太多并不是件好事，尤其是上级的隐私千万不能透露出去，否则就要大祸临头了。如果你觉得可以和上级谈些隐私话题，并借此拉近距离的话，你就大错特错了。殊不知，知道了不该知道的事，自然就对上级构成了一种威胁，反而会成为上级的心腹大患。当上级感受到这种威胁的压力时，他必然会先除你而后快。

于森是某公司策划部的一名职员，他的上级杨刚是位非常热情的人，两人住同一个地方，他们每天约好同路而行，于森便经常搭杨刚的车回家，两人的交往自然多了。有一次在车上，上级突然接到一个电话，从上级的话语中，于森得知上级的老婆红杏出墙，两人因此分居了。

没过多久，于森发现上级对他的态度非常冷淡，也不和他同路回家了，于森觉得很奇怪，为什么上级对自己的态度完全变了。后来，他听到同事们

在一旁议论上级的老婆居然跟别人跑了，于森这才明白，肯定上级认为是自己多嘴了，泄露了他的秘密，于森觉得很冤枉，但又觉得不好解释。

和上级谈话，要避免触及私事领域。因为人多嘴杂，如果某天公司悄悄流传着上级的某件不光彩的私事，上级怀疑泄密的对象首当其冲的就是你。

我们都不愿意被别人看到自己的隐私，上级更是如此。不管你是有意还是无意，一旦当着上级的面知道了他的隐私之后，你们的关系也将产生改变。尽管你们谁也不想表现出来，但实际上已经发生了根本的变化。你们之间曾有的和谐就会被打破，并很大程度上朝着不利的方向发展。没有哪个上级希冀窥见自己隐私的下属老在眼前晃来晃去的，即使他有所顾忌不解雇你，也会找机会将你踢得远远的。

与上级相处中，不要牵扯到上级的私人生活里，对于上级的私事，最好不要谈起，免得卷入上级的隐私。

李鑫是一个聪明的人，很讨人喜欢，她之所以有很好的人缘，是因为自己懂得装聋作哑，而且有一张能够守口如瓶的嘴。同事们都爱跟她聊天，都不会担心聊过之后，她会泄露什么天机。这样的倾听者再让人舒服不过了。

一次偶然的机会，李鑫发现了一个秘密：已婚的老板居然跟秘书有地下情。

那天，李鑫是约好朋友王丽在餐厅吃晚餐。当她们坐下不久，王丽发现李鑫的目光注视了一会儿刚进门的一对男女，然后刻意地想要躲避他们。王丽仔细看，却发现，那是李鑫的老板和一个年轻的女孩，女孩表现出很羞涩的样子，绝对不会是他的妻子。

王丽对李鑫说，那不是你的老板吗？要不要过去跟他打个招呼？“嘘！别说话！”她按住王丽的手，小声对她说，“我们还是换个地方吃饭吧！”很显然，她不想让老板知道她看到了这一幕。

两个人悄悄地溜出餐馆，把更大的空间留给了她的老板和他的情人。

那天，王丽知道了，李鑫为什么会讨人喜欢，因为她知道，哪些事情她应该感兴趣，哪些事情，她不应该感兴趣。

下属与上级之间无非是工作关系，在工作中你要注意与上级保持一定距离，尤其是少去打探上级的私生活，即使知道了上级的隐私也要装作不知道。

在职场中，如果你想与上级和谐相处，你就要多给上级一些空间，克制住自己想知道的欲望，不要过于关注上级的隐私。

1. **不探听上级的秘密**

在工作中，对于上级的秘密，不论是工作秘密还是个人秘密，应该知道的可以知道，不应该知道的，不要强求知道。下属要控制自己的好奇心，不要有意识地去探听上级的一些秘密，更不要费尽心机、利用一切关系手段去了解。有时还要主动回避。有些下属以在上级身边工作知密多为荣耀，喜欢别人从自己嘴里探密，用以显示自己的身份。其实，这是一种非常浅薄的做法。下属不要以谈论“上级秘闻”来炫耀；不要把打探上级隐私并乱加猜测、随便传播，作为自己高人一等的表现；不要以向亲朋好友传播鲜为人知的上级秘密为乐趣。

2. **与上级保持一定距离**

俗话说，距离产生美感。这种感受用在下属和上级者身上也是恰如其分的。下属和上级的密切关系主要应该体现在工作而非生活上，下属应该少介入到上级的个人私生活中去，在日常生活中同上级保持一定的距离是非常必要的，这样既有利于避免庸俗的关系哲学，也有利于保持上级和下属各自的生活空间和人身自由。

上下有别，和上级开玩笑要把握尺度

在人际交往中，适当的玩笑可以松弛神经，活跃气氛，创造出适于交际的、轻松愉快的氛围，因而爱开玩笑的人常会受到人们的欢迎与喜爱。但是玩笑不当，则会适得其反。特别是和上级开玩笑，如果不懂得把握分寸，就很容易招致上级的反感，甚至冒犯上级的尊严，后果便不堪设想。

王芳是某公司的经理助理，更是个聪明的女孩子。她脑子快、言辞犀利，并且还具有丰富的幽默细胞，是公司的一颗“开心果”。但却始终得不到经理的青睐，她甚至觉得有时经理处处针对自己。王芳委屈极了，就向有经验的人求教。有经验的人问她："你平时是否在言辞上有对老板不敬啊？"

这么一问，王芳就想起了以前的事情，自己平时就爱与同事开玩笑，后来看到经理斯斯文文，对公司里的员工总是笑眯眯的，胆子一大，就开起了老板的玩笑。一天，经理一身簇新地来上班了，灰西装、灰衬衫、灰裤子、灰领带。王芳夸张地大叫一声："经理，今天穿新衣服了！"经理听了咧嘴一笑，还未曾来得及品味喜悦的感觉，王芳就又接着说了一句让经理十分不爱听的话："像只灰耗子！"

又有一天，客户来找经理签字，连连夸奖经理："您的签名可真气派！"这时，王芳正好走进办公室，听了之后便一阵坏笑："能不气派吗，我们经理在暗地里练习可有三个月的时间了。"王芳这句话说出口之后，经理和客户便同时陷入了尴尬的局面。

从上面这个案例可以看出：开玩笑确实可以拉近人与人之间的距离，缓和人际关系，但如果玩笑过分或者不适宜，就会对人际关系产生强大的破坏力，王芳对此却浑然不觉，这就是她虽然聪明能干、却得不到重用的原因。所以，与上级开玩笑时，一定要巧妙地把握好"度"，切莫弄巧成拙。

张远是某机关一位局长的专职司机。由于他人勤快、会来事又老实，深得局长的信赖和赏识。但不知为什么，前几天局长突然让办公室主任把张远给换了。张远沮丧之余，又不知是何原因。后来，他才从局长秘书小王那里打探到了局长换他的真正原因。原来，在一次出差途中，局长上车不久就呼噜大起。坐在副驾上的小王冲张远一笑，轻声说了一句："嗨，瞌睡虫来得真快！"张远顺口搭了腔："哈，睡得像猪一样。"原以为，只是一个简单的玩笑调侃话，又是在局长睡着的时候说说，无伤大雅。没想到局长虽呼噜震天响，耳朵却敞亮，把张远说的比喻句听了个真切。见自己的司机也敢如此目无上级，局长怒由心生，就把张远调走了。

如果不是小王告知内情，张远就是想干脑浆也绝对想不到自己被废竟会是因为一句玩笑话。

凡事总有个"度"，与上级开玩笑更是如此。也许你一句无心的话，在上级听起来就很不舒服。遇到大度一点的上级，可能过一会儿就忘了。但也难免会有小心眼儿的上级，说不准以后就揪你的小辫子。因为一句话而彼此伤害岂不是得不偿失？所以，开玩笑一定要把握好分寸，不能太过分，否则玩笑不当，就会使自己在不知不觉中陷入被动，以至影响前程。

事实上，巧妙地掌握开玩笑的火候，也是一门学问。在开玩笑的时候，要注意以下几点：

1. 开玩笑要看对象

俗话说："人上一百，形形色色。"人的身份、性格、心情不同，对语言的承受能力也不同。上级若性格外向，能宽容忍耐，玩笑稍微大些也能谅解。上级若性格内向，开玩笑就应慎重。所以，那些爱开玩笑、善于开玩笑的人，也是善于察言观色的人，能够清楚地了解哪些人、哪些事可以开玩笑，玩笑到哪种程度，拿捏得非常准确，这样的人很受欢迎。

2. 开玩笑要看时间

俗话说："人逢喜事精神爽。"开玩笑，最好选择在上级心情舒畅时。如果上级恰好碰上不愉快或伤心之事，就不能随便与他开玩笑。

3. 开玩笑要注意态度

与人为善，是玩笑的一个原则。玩笑话，是感情相互交流传递的过程，是善意的表现。如果借着玩笑话对上级冷嘲热讽，发泄内心厌恶、不满的情绪，那只会让上级讨厌你，远离你。

4. 开玩笑要注意内容

与上级开玩笑时，一定要注意内容健康，风趣幽默，情调高雅。内容健康、格调高雅的玩笑，不仅给上级以启迪和精神的享受，也是对你的美好形象的选择。如果语言不当，不仅使语言环境充满污浊的气味，对上级来说也是一种侮辱，至少也是一种不尊重，同时也说明你水平不高，情趣低俗。

总之，和上级开玩笑，把握分寸至关重要。如果你能做到这点，你一定可以获得上级的信赖和钦佩。

技巧⑥

打动人心，把话说到上级的心坎里

说话是一门技巧，更是一门艺术。掌握说话的艺术，说上级愿意听的话，你才能在社交和办事中左右逢源，如鱼得水，无往不利。在现代职场中，是否能说，是否会说，以及与言谈相关知识的多寡，直接影响着一个人的成败。要想在短暂的时间内，与上级达到心灵上的共鸣，让上级一下子喜欢上你，就一定要“一语勾心”，迅速和上级之间形成融洽、热烈的交谈局面，直接把话说到上级的心坎儿里。

换位思考，站在上级的立场上说话

所谓换位思考，一般是指在双方意见发生分歧或产生矛盾时，能够站在对方的立场上考虑问题，进而提出双方都能够接受的意见或建议，最终解决问题，实现双赢或多赢。

换位思考在沟通中是非常重要的。在与上级说话的过程中，适当地运用换位思考，可以使沟通更顺畅，更容易达到沟通的目的。

有这样一则小故事：

周末的一天，一位妈妈带着女儿逛商场，奇怪的是女儿对琳琅满目的商品丝毫不感兴趣，总是急躁、哭泣。妈妈百思不得其解。恰巧，女儿的鞋带开了，妈妈弯腰为女儿系鞋带，无意中一扭头，发现从女儿的角度看去，看到的都是密密匝匝的人的大腿，根本看不见商品。于是，这位妈妈以后带女儿逛商场，总是尽量抱着她，果然，女儿再也不急躁、哭泣了。

这个故事告诉我们，人的位置不同，看法想法也各不相同。同样，在一个团队或组织里，上级和下属所处位置的不同，必然会导致双方在思想、行为上的不统一。人站在哪个角度思考，就以认同该角度的一系列认识为基础。当你站在自己的角度上时，你以自己的认识及偏好来评价他人的行为，因此不能很好地理解他人。只有暂时放开自己的见解，以对方的情况为出发点，才能体会对方的感受，理解对方的行为。

在职场中，有些人因为经常就同一件事与上级出现意见分歧，而与上级产生隔阂，甚至导致不可调和的矛盾。这样的人最后不是负气走人，就是被解雇。同一件事情，因为考虑的出发点不同，自然会产生不同的看法。上级与下属是站在不同位置的人，这就决定了他们考虑问题的出发点不同，也就是说思考的角度不同，所以很难产生相同的意见。

上级和下属的地位不对等，这是事实，其实原因是各自所承担的风险和责任不同；就下属来说，其最大风险是失去工作，但可以另谋高就；而就上级来说，其最大的风险是公司破产或组织的消亡。两者的代价往往是不可同日而语的。所以，从某种意义上讲，下属应该体谅上级：上级并不容易！

我们常说，要体谅下属的难处，很少有人说要体谅上级的难处。因为在人们的观念中，上级就是权力的象征，拥有权力的人难道还能有难处吗？权力带给上级的好处确实多得毋庸赘言：大到组织的决策，小到工作的琐事，无不体现着权力的威严。但事实上，上级也确实有一些下属所没有遇到过的困难。

当你站在上级的角度看问题时，你就会发现上级并不是组织内权力最大，做事最少，可有可无的人，上级和我们一样，也在为组织的发展辛苦地忙碌着。“上级”这两个字不仅代表着风光与荣耀，也意味着责任与风险。当你在为组织辛苦奔波，挥汗如雨的时候，上级也在为规划组织远景、制定发展战略、选人用人等问题苦苦思索，竭尽全力。

与上级相处也一样，如果你设身处地地为上级着想，站在上级的角度看问题，许多问题就会迎刃而解。譬如了解上级喜欢怎样的下属？需要怎样的工作态度、能力水平、性格脾气等等。当你了解了上级的工作方式、上级风格、价值标准，然后再进行针对性的沟通，这样就很容易相处。如有的上级注重结果，你汇报工作时就不要事无巨细地汇报，只要把结果告诉他就行了，而有的上级则注重控制管理，那汇报时不要“粗枝大叶”，最好做到把工作的前因后果说清，多一些逻辑方式。

蒋媛媛是某公司销售部的文秘，在一次干部调整后，她所在的部门调来了一个新的业务经理，新来的经理看起来不那么随和。同事都在议论，说他没有原来的经理好。作为公司中的一员，蒋媛媛也有这种议论的权利。但是她却没有参与议论，虽然她和原来的经理关系不错，但是她知道，以后她将要面对新的经理，这个新上任的经理将是和自己一起工作、决定自己未来职场命运的人。

在一次销售会议上，新经理提出了一个方案，立刻遭到几个老员工的反对，大家一起议论说原来经理的方案如何合理，如何让人心服。此时，只有蒋媛媛没有参与发言和讨论。新来的经理看了一眼蒋媛媛，不动声色地问：“小蒋，你认为呢？”蒋媛媛一下被问住了，她左右为难，一边面对的是同事，一边面对的是经理，不管她怎么回答，都会得罪其中的一方。这个时候，蒋媛媛突然想到，原来的经理对她说过的一句话：“不管什么时候，都要站在上级的角度上分析和考虑问题，这是职场制胜的法宝！”

蒋媛媛沉住气，微笑着说：“其实，我觉得不管是原来经理的方案，还是现任经理的方案，都是为我们大家着想，为公司的发展着想。只是两个人的出发点不同。”于是，蒋媛媛仔细分析了两名经理的不同出发点，然后针对公司的情况进行总结，分析出新经理措施的优点和缺陷。最后她又自我批评地说：“作为一名秘书，我觉得是我失职，我没有很好地向新来的经理交代公司的情况，让他迅速地了解公司状况。”新来的经理听了蒋媛媛的话，脸上露出了笑容。同事们也暗暗称赞她处理事得当。

和上级说话的时候换位思考，能使上级感受到你对他的尊敬。一般人只会站在自己的立场上与上级纠缠，怎么也想不通上级的意见为什么会有道理。其实，只有站在上级的角度看问题，你才会更容易认清自己的错误，接受上级的意见，而不至于与上级“为敌”。所以，遇到事情要先分析事因，再换位思考，多体谅上级，多理解上级，多包容上级。

迈克在一家电脑公司负责安全工作。他工作扎实，尽心尽力，在公司有较好的声誉。

一天早上，他刚走进公司大门，便被老板叫到了办公室。“迈克，你是干什么的？昨天晚上安排了几个人值班？值班时都在干什么？”老板冲着他劈头盖脸就是一顿斥责：“你也有不可推卸的责任。全年的奖金全部扣除。”

迈克心里不明白到底发生了什么事情，话又说回来，即使有事也怪不上自己，昨天晚上他休息，由别人带的班呀！

事后，他才搞清楚了事情的原因。原来，昨天晚上几个盗贼潜入公司财务科，盗走了一笔贷款，老板为此才发的火。尽管这样，责任不在自己，为什么要训斥我，还要扣掉全年奖金呢？迈克思来想去始终想不通。心高气傲的他，委屈得直想哭。心想，自己平时工作那么认真，为了公司的安全付出了多么大的心血啊！老板平白无故地为什么要处罚我呢？

他想找老板理论，讨个说法。但转念一想：“发生了这么大的事情，我若是老板怎么办？这也是事出有因，老板才大发脾气的，那么多的贷款被盗走，他能不急吗？”迈克站在老板的位置上考虑了一会儿，气也消了一大半，心想：不就是打掉门牙咽下肚嘛，权且当一次替罪羊吧！

发生这件事后，迈克没有把自己的情绪带进工作中，依然兢兢业业，任劳任怨，见了老板依然彬彬有礼，似乎什么也没有发生过。

后来，警察破获了那天晚上的盗窃案，当天代替迈克领班的人涉嫌此案被依法逮捕了。之后不久，老板对全公司的安全人员进行调整。由迈克全面负责全公司的安全工作。

在与上级沟通的过程中，学会换位思考是十分重要的。如果不能很好地运用换位思维，体会上级的处境，就很容易与上级产生隔阂，也就谈不上能很好地工作了。所以，你要主动地与上级沟通，并且在沟通中，不争占上风，事事替别人着想，能从上级的角度思考问题，兼顾双方的利益。尤其是在谈话时，不以针锋相对的形式令对方难堪，而能充分理解对方。

换位思考的前提是相互理解，只有在理解对方的基础上，才能更好地掌握其思路。在实际工作中，如果你能恰当地运用换位思考的技巧，许多问题就可以迎刃而解了。

多请教，以满足上级的为师欲

孟子说："人之患在好为人师。"孟子这句话，说出了人们的一种潜在欲望，就是喜欢充当他人的老师，满足自己的成就感，尤其是在自己擅长的事情上。当你在一个人面前虚心求教他所精通的事情，就能刺激他的表现欲，从而诱导他展开话题。这样既能很好把握对方的兴趣所在，将话题引导到对方感兴趣的地方，也能显示自己的谦卑，暗示对方的博学。就好像给了一个极其渴望跳舞却没有舞台的演员一个舞台，而你就是观众。这么做，也能让对方自尊心得到最大的满足。

特别是自认为经验丰富和取得了一些成就的上级。当我们用"求教"的方式向对方提问题时，就可以把心与心之间的距离拉得很近。当你求教之后再进入你的正题，向对方提出你的真实意图，往往能收到奇效。

A是金融学硕士，一次与台商吃饭，同桌的还有一经济学博士。其实台商想考察并选择一位懂经济的帮手。席间，博士一直表现自己在经济方面的才华，说些一般人听不懂的名词，以显示自己的专业功底深厚。

A的话题主要围绕台商进行："您现在事业发展得这么好，当时是怎么想着要到大陆来投资的？"

台商说："三年前，我就看出大陆经济充满活力，市场前景广阔……"

A问："您当时要到大陆来，也遇到一些阻力了吧？"

台商说："可不是吗？许多朋友都反对，连太太也不赞同，而我清楚台湾是一个小岛，市场容量有限，要想有大的发展，必须有广阔的天地……"

A肯定："搞经济就要像您这样有前瞻性的眼光……"

最后，台商选择了A作为自己在大陆方面的经济顾问。

和人谈话时，你要表现出虚心好学的样子，多请教，这可满足对方好为人师的心理，引发对方的兴趣。即使你打破砂锅问到底，对方也会欣然作答。这样，双方的交流就能很自然地进行了。

王局长除了精于本职业务以外，对书法也颇有研究。一次部下小丁去拜访他，恰巧碰到他在写字。

"没想到局长的字写得这么好。"精明的小丁一副发现新大陆的样子。

"哪里哪里，胡乱涂鸦罢了。"局长谦让着。

"我以前也学了两年书法，但总不得要领。不知道局长有什么绝招，可不可以教教我？"小丁虚心求教。

"你也喜欢书法？那太好了！"局长像遇到知己一样，兴奋地对自己的部下说起来。

"就我自己的体会，学写书法就在于三点：眼到、心到、手到。所谓眼到，就是观名家作品，要观察入微；心到呢，就是学书法要有恒心，切不可'三天打鱼，两天晒网'的，并且写的时候要用心去体会，进入忘我的境界。"局长停下来，喝了口茶。

"那手到又是什么呢？"小丁一副求知的样子。

"手到当然是多练啦。只有多练才能体会到书法的真义。"

"唉，我过去就是看得少、练得少，并且没有恒心。今天听局长一席话，对我的帮助真是太大了！"小丁感慨地说。

接下来宾主自然是谈得非常的投机。临走时，局长还送了小丁一幅自己的真迹。小丁将它往自己办公室一挂，当然增光不少，王局长也更喜欢他了。

小丁针对王局长的特长——书法进行赞美，而且还虚心向他请教，这既让局长感到高兴和得意，同时也满足了局长的为师欲，所以小丁赢得局长的好感也是理所当然的了。

请教的潜在含义，首先是尊重别人，佩服别人，然后才是需要得到别人的帮助。这在对方来说，有一种优越感，即使是对你有敌意的人，只要你用请教的姿态，他也会放下敌对情绪来帮助你。基于这种心理，在与上级交往时，你不妨做一个忠诚的听众，把他当成自己的老师，少说多听，做一个学生，给上级充分表现自己的机会，满足其为人师的欲望，让他在心理上有一种满足感和被尊重感，从而拉近和上级的距离。

文章和李叶是同时被一家单位录用的。但一年后，两个人的际遇却发生了不同的变化——李叶提升为部门主管，文章则调到公司下属的一家机构，地位明升暗降，因为没有任何实权。为什么？

原来，两人入职之后，上级各交给他们一件工作，并对两人说："这件工作，你们可以全权处理。"

李叶接到任务后，经过周密分析调查，提出了若干方案给上级看，又向上级逐条分析利弊，最后向上级请教用哪个方案。这时，上级对他的分析已经很信服，当然采取了他所推荐的那个方案。

这时李叶又问："上级，您觉得应该如何具体实施这个方案呢？"

上级说："你自己放手干吧，年轻人比我们有干劲。"

李叶连忙说："我刚来，一切都不熟悉，还得多听上级的意见。"

因为李叶的态度谦恭，意见又到位，上级很满意，当即给几个部门的主管打电话。让他们大力协助李叶的工作。因为有了上级的交代，李叶在实施自己的方案时又时时注意与各部门人员协调，他的工作完成得又快又好。

文章在接到工作任务后，作了精心的准备，方案也设计得十分到位。他一心投入工作。全然不记得要向上级请示一下。上级是开明的，既然说过他全权处理，自然也不干涉，但也没有和下面人交代什么。等到文章把自己的计划付诸实践，各部门人员见他是新来的，免不了有些怠慢，文章心直口快，与某人顶了起来，这可惹了麻烦，因为这人正是公司总经理的得力助手。后果可想而知，他的工作处处受阻，最后计划中途流产。

在执行任务的过程中，李叶懂得多向上级请教，因而获得了上级的支持和赞赏，最终顺利完成了任务，而文章的失败很大程度上就在于他不懂得多向上级请教。

虚心请教的态度是最受上级欢迎的。工作中，只要你把“请教”二字说出来，就能得到上级的热情回应。因为既然是“请教”上级，你必定是把上级当成了“专家”、“老师”，上级自然会很高兴。但有人因为害羞而不敢向上级请教，有人因为自傲而不愿向上级请教，有人害怕向上级请教会显出自己没水平……其实如此顾虑大可不必，多思勤问的人总是会得到上级的重视。一则，你的提问显出你对工作的热情和思考，上级在心里会对这样的下属产生好感，与你的关系也会因此变得更加亲近；二则，你的提问显出你的谦虚和诚恳，上级自然愿意和这样的下属说话，你和上级之间的距离也得以在比较顺畅的沟通中拉近。

“好为人师”是人性中的弱点。在职场中，如果你能给上级一个“为人师表”的机会，虚心向上级请教，肯定能博得上级的好感。

多用“我们”，拉近与上级的距离

在人际交往中，也许你会发现，那些社交经验丰富的人们，一般很少直接跟你说“我怎么着怎么着”，都是说“我们怎么怎么样”。这样虽然有拉关系、套近乎的嫌疑，但是，这招很有效，简直可以称得上是人际交往的“助推剂”。

亨利·福特二世描述令人厌烦的行为时说：“一个满嘴‘我’的人，一个独占‘我’字，随时随地说‘我’的人，是一个不受欢迎的人。”的确如此。在人际交往中，“我”字讲得太多并过分强调，会给人突出自我、标榜自我的印象，这会在对方与你之间筑起一道防线，形成障碍，影响别人对你的认同。而“我们”这个词却可以制造彼此间的共同意识，拉近双方的距离，对促进人际关系将会有很大的帮助。

我们经常看到记者这样采访：“请问我们这项工作……”或者“请问我们厂……”经常发现演讲者使用“我们是否应该这样”、“让我们……”等表达方式。这样说话能使你觉得和对方的距离接近，听来和缓亲切。因为“我们”这个词，也就是要表现“你也参与其中”的意思，所以会令对方心中产生一种参与意识。比如说“你们必须深入了解这个问题”，便拉开了听众与演讲者的距离，使听众无法与你产生共鸣。如果改为“我们最好再作更深一层的讨论”，就会缩短与听众之间的距离，使气氛立刻活跃起来。

很多著名的演说家，之所以能够在台上一呼百应，就是因为他们巧妙地运用了“我们”策略，在他们的演说词中，一直在使用“我们”、“我们大家”这样的字眼，这样就在听众中达成一种共识：这是我们大家的，从而产生一种共鸣。

这种策略的高明之处在于，他把自己融于听众之中，让听众接纳他，从而令听众成为被说服者，并产生同生共死意识。譬如当他举起拳头时，成千上万的听众也同样举起拳头附和着。反之，你总是一副“我是这样的，你们应该那样”的语气，大概绝大部分人都会反感，而且会产生这样一种意识“他想把自己的想法强加给我们”。

俄国十月革命刚刚胜利的时候，许多农民怀着对沙皇的刻骨仇恨，坚决要求烧掉沙皇住过的宫殿。别人做了许多工作，农民都置之不理，非烧不可。最后，列宁亲自出面做说服工作。列宁对农民说：“烧房子可以。在烧房子之前，我们大家一起来思考几个问题可以不可以？”“当然可以。”列宁问道：“沙皇住的房子是谁造的？”农民说：“是我们造的。”列宁又问：“我们自己造的房子，不让沙皇住，让我们自己的代表住好不好？”农民齐声回答：“好！”列宁再问：“那么这房子我们还要不要烧呢？”农民觉得列宁讲得好，同意不烧房子了。

“我”和“我们”从字面来看只有一字之差，但在沟通过程中所达到的效果却截然不同，这主要在于听者的感受。“我们”表明说话的人很关注对方，站在双方共有的立场上看问题，把焦点放在对方，而不是时时以自我为中心。

在职场中，也许你会发现，那些会说话的人，一般很少直接跟上级说“我怎么着怎么着”、“你的公司”，都是说“我们怎么怎么样”、“我们公司”。这样虽然有拉关系、套近乎的嫌疑，但是，这招很有效，可以拉近与上级之间的距离。

在与上级说话时，经常使用“大家”、“我们”等这类字眼，会使上级感觉到大家均是同路人，是生命共同体。因此善用“我们”来制造彼此间的共同意识，对促进人际关系将会有很大的帮助。

一个刚走进管理岗位的年轻人接到客户投诉后向总经理汇报情况。他说：“你的分公司产品质量出现了问题，引起顾客投诉……”

总经理生气地打断他的话，皱着眉头质问道：“你刚才说什么？我的公司？”

年轻人没有明白，“是的，你的分公司……”他又将刚才的话重复了一遍。

总经理恼怒地说：“你说我的分公司，那你是谁？你不是公司的一员？”

年轻人这才意识到自己的失误，马上纠正说：“对不起，我们分公司产品质量出了问题……”

与上级说话，经常说“我”字，会拉开与上级之间的距离，使上级无法与你产生共鸣。如果改为“我们”就会缩短与上级之间的距离，使气氛和谐起来。因此，在说话时，要尽量避开“我”字，而用“我们”开头。

说“我”跟“我们”的差别，其实就是让听者心里高兴与否。说“我们”，听者心里高兴，对自己有好处；说“我”，听者心里不高兴，对自己没什么好处。既然这样，与上级说话时，就应该多说“我们”少说“我”。

1. 少用“我”字，尽量省略主语

比如：“我对我们公司的员工作了一次调查统计，（我）发现有四成的员工对公司有不满情绪，（我认为）这些不满情绪来自奖金的分配不公，（我建议）是不是可以……”

第一句用了“我”，便让主语十分明确，那么后面几句中的“我”不妨通通省去。如此一来，句子的意思表达丝毫不受影响，却能让语句显得很简洁，避免了不必要的重复，同时还使得“我”字不至于太过突出。

2. 用平稳和缓的语调，以及自然谦和的表情动作

具体而言，提及“我”字时，不要读成重音，也不要拖长语音；目光不要咄咄逼人，表情不要眉飞色舞；神态不要洋洋得意，语气也不要过分渲

染；要把表达重点放在事件的客观叙述上，而不要突出做这件事的“我”；更不要使听者感觉你高人一等，或者你是在吹嘘自己。

3. **用“我们”一词代替“我”**

以复数的第一人称代替单数的第一人称，可以缩短双方的心理距离，促进彼此的情感交流。

例如“我建议，今天下午……”可以改成“今天下午，我们……好吗?”

这样说话时应用“我们”开头的。

总之，少说“我”，多说“我们”，是说话的一种技巧。频繁使用“我们”，给上级的感觉是你和他站在同一个立场上，就会让上级意识到自己也是“命运共同体”，从而产生加强关系的效果。

“投其所好”，谈论上级感兴趣的话题

职场中，我们怎样说话才最能打动人心呢？最佳的方法莫过于投其所好了。谈论对方感兴趣的事物，他会认为我们是一个善解人意的人，从而对我们产生好感。

人际关系大师卡耐基在书中就写道：“我们要对他人真诚地感兴趣，聆听对方的谈话，就对方的兴趣来谈论以及鼓励他人谈论他自己。”当我们对他人真诚地感兴趣的时候，自然而然就会去关注他的一举一动。那么他的每一个细节都有可能是我们与他交谈的切入点。

谈论对方感兴趣的话题，是为了与对方找到共同话题，为自己后来要说的话作铺垫。只要双方有话可谈，再不失时机地进行适当的赞美，他就会对你产生好感。

王富强是广东一家民营房地产公司的董事长，在创业之初，由于人们对私营企业的偏见，他们的发展遇到很大的困难，各种批文很难拿到，严重制约了公司的发展。在一次谈到创业经历时，他说：

“在多次拜访国土局某局长失败后，我想再这样做，我将永远失败，在

研究了人际关系并反复思考后，我想我应该找出对方喜欢的东西，来一个‘投其所好’。”

“一天，我又到局长那里拜访。这一次，我学会了观察，我有了新的发现——局长办公座位上方有一幅巨大合影。上面，局长同余秋雨先生坐在沙发上开心地笑着。于是我对他说：‘孙局，我一直想请余秋雨先生帮我签个名，但从未如愿，我听说，您跟余先生关系非常好，您怎么会跟他那么铁？’这一问有立竿见影的效果，孙局长的脸色马上变亮了。”

“这也没有什么了，我本人很喜欢文学，很多年前，余秋雨还没有成名前，我们就是朋友……”。

接着，王富强又“小心翼翼”、“轻描淡写”的向孙局长提出自己与王蒙先生有很深交情，超过他的预想，孙局长马上说：“有时间，你请他到深圳来，我来‘埋单’。”

关于这个话题，他们谈了足足两个小时，离开时，王富强带着已批过的申请报告和局长对他工作更多支持的承诺。

现在，孙局长早已离休了，但他们仍然是很好的朋友。

一个人若想赢得他人的赞许，打动他人的心，最佳方式是关注他人的兴趣。这就要求我们必须首先了解他人。

了解他人，主要是了解对方的价值取向和兴趣点，就是了解对方对什么事情最关心、最有兴趣。一件事对某个人来说很重要，但对另一个人来说却未必重要，也许是小事一桩，甚至不值一提。如果你不了解对方的兴趣点，只顾自说自话，根本就引不起他的兴致，这就起不到沟通的作用。所以，你一定要了解他人的兴趣点，必须把对方认为重要的事情摆在如同他对你一样重要的位置。你关心他的兴趣所在，这体现出你对他的了解和理解。

有一次，业务员王鹏出差去西安，任务是与当地一家公司签订销售电脑的合同。王鹏到了这家公司老总的办公室，看到书架上放了一整排房地产方面的书籍。王鹏开始并没有直接进入推销电脑的话题，而是跟老总闲聊了起来。

“李总，听您口音是西安本地人吧。西安真是个好地方，我一下飞机就喜欢上这儿了。”

李总面露微笑：“是啊，我从小在这古城墙下长大的，大学毕业后又回到家乡创业，我恐怕一辈子也不会离开这里了。”

王鹏又说：“毕竟是六朝古都，西安就是有一种低调的大气在里面，不用张扬，外人却都感觉得到。”

一番开场白说得李总频频点头。王鹏趁热打铁：“李总，我看到您有好多房地产方面的书，您真是博学。”

“也没有，只是初步了解一下，西安的房地产也越来越发达了，我也有意涉足。”

“真是太巧了，我哥哥就是做房地产的，我跟您说说他们幕后的事情吧。”

就这样，王鹏与李总从房地产说到金融业，从基金股票聊到保险期货，甚至于人民币升值和美军在伊拉克的局势都聊得热火朝天。结果聊着聊着都时近中午了，老总突然想起了王鹏此行的目的，让王鹏介绍了所销售的电脑的情况，又看了合同，爽快地签了字。

最后李总对王鹏说：“看你这个人的性格和谈吐，我就知道你们的产品肯定没错，如果这次合作愉快，我们二期办公室改造的电脑采购还交给你们公司，我下次就找你了。”

一次与上级的谈话，不仅谈成了生意，而且拓展了潜在的业务。推销员王鹏的成功之处就在于发现了上级的兴趣爱好，找到了与上级说话的共鸣点。所以说，要使上级喜欢你，原则上是要拿对方感兴趣之事当话题，让他感觉到自己的重要。在满足对方的自尊心之后，很多事情都迎刃而解了。

王征是一个批发海鲜产品的个体老板，他一直试着把自己的海鲜卖给一家大酒楼。一连半年，他每天都要打电话给该酒楼的经理，甚至还经常去该酒楼吃饭消费，以便成交这笔生意。但是他都失败了。

王征说：“在研究过这家酒店经理为人处世之后，我决定改变策略。我决定要找出那个人最感兴趣的是什么——他所热衷的是什么。

“我发现他是一个叫作‘狂飙’的越野吉普车协会的一员。他不只是该协会的一员，由于他热忱，还被选为主席。不论会议在什么地方举行，他一定会出席，即使他必须跋涉千山万水。

“因此，这次我见到他的时候，我开始谈论他的那个组织。我看到的反应真令人吃惊。多么不同的反应！他跟我谈了半个小时，都是有关他的组织的，语调充满热忱。我可以轻易地看出来，那个组织是他的兴趣所在，他的生命火焰。在我离开他的办公室之前，他‘卖’了他组织的一张会员证给我。

“虽然我一点也没提到海鲜的事，但是几天之后，他酒楼的大厨师见到我的时候说，‘你真的把他说动了！’

“想想看吧！我缠了那个人半年多——一心想得到他的生意——如果我不是最后用心去找出他的兴趣所在，了解到他喜欢谈的是什么话，那我至今仍然只能缠着他。”

有时因工作或生活的需要，我们必须与人对话或有求于人。为达到自己的目的，要婉转地摸清对方的兴趣爱好，主动挑起话题，一步步诱其深入，看时机成熟，然后话锋一转，再把真正目的亮出来。此时，对方心里就是不情愿，碍于情面，也不好推却。

古人说：“话不投机半句多。”只要抓住了对方的兴趣，投其所好，不仅不会“半句多”，而且会千句万句也嫌少，越谈越投机，越谈越相好。所以说，与上级沟通的诀窍就是：迎合上级的兴趣说话。每个人都有各自不同的兴趣与爱好，一旦你能找到其兴趣所在，并以此为突破口，那你的话就不愁说不到他的心坎上。

绕个弯子，不和上级正面交锋

直爽、坦诚，虽然不失为一种优点。但如果说话过于直接，任何情况下都实话实说，常常会得罪人，让自己成为不受欢迎的人。特别是在职场中，有些人快人快语，有什么说什么，口无禁忌，嘴无遮拦，不分场合，不看谈话对象，一律口对着心，心里想什么就说什么，这是语言的大忌。所以，不讲究方式的直言快语，往往会带来不良的后果。

北宋时期的寇准，是我们所熟悉、所尊敬的一位好官、高官。处理国家大事，他游刃有余；但是与性格不合、政见不同的同事相处，他却吃尽了说话过于直爽的苦头。最典型的是对待副参知政事丁谓。《资治通鉴》记载了一个故事：

丁谓任中书官职时，对寇准非常恭谨。一次会餐，不小心寇准的胡子沾了汤汁，丁谓站起来慢慢替他擦干净。寇准讽刺说，你身为国家大臣，就是替上级擦胡须的吗？丁谓自此记恨寇准。

寇准的话看上去是玩笑，但实际上却是一种过于直爽的讽刺挖苦。官场中下级拍上级马屁本是平常事，但是如果上级当众不领情，甚至讽刺挖苦，下级便觉得扫面子。寇准所犯错误就是如此。自此，丁谓“倾构（全力诋毁）”寇准，并且和王钦若、曹利用等同样受过寇准谩骂、讽刺、挖苦的大官结成同盟，共同对付他，经常在皇帝面前说寇准的坏话。最后连皇帝也觉得寇准不会讲话了，寇准政治生命也随之结束，一而再，再而三被流放，直至客死雷州。

寇准的悲剧，根源就是没有管好自己的口，说话太直。

直言不讳刺激性大，容易伤害对方的自尊，得罪人，造成许多矛盾；委婉的话有礼貌，比较得体，听了轻松自在，愉快舒畅。“良言一句三冬暖，恶语伤人六月寒”。同是讲真话，委婉语大概属于“良言”，直言不讳的话虽不一定算是恶语，但在某些人听来很逆耳，跟恶语差不多。我们提倡忠言不可逆耳，理直不可气壮。就是说，“忠言”和“理直”都要注意用恰当的方式表达，不可图说话痛快。

南朝齐代有个著名的书画家叫王僧虔，是晋代王羲之的四世族孙，他的一手隶书写得如行云流水般飘逸。

当朝皇上齐高帝萧道成也是一个翰墨高手，而且自命不凡，不乐意听别人说自己的书法低于臣子，王僧虔因此很受拘束，不敢显露才能。

一天，齐高帝萧道成提出要和王僧虔比试书法高低。于是君臣二人都认真写完了一幅字。写毕，齐高帝萧道成傲然问王僧虔：“你说，谁为第一，谁为第二？”

若是一般的大臣，当然立即回答说：“陛下第一”或“臣不如也”。但王僧虔也不愿贬低自己，明明自己的书法高于皇帝，为什么要作违心地回答呢？但他又不敢得罪皇帝，怎么办？王僧虔眼珠子一转，竟说出一句流传千古的绝妙答词：“臣书，臣中第一；陛下书，帝中第一。”

他巧妙地把臣子与帝的书法比赛分为两组，即“臣组”和“帝组”，并对之加以评比，既给皇帝戴了一顶高帽子，说他的书法是“皇帝中的第一”，满足了皇帝的冠军欲，又维护了他自己的荣誉和品格，使皇帝更敬重他的风骨，觉得他不是那种专门拍马屁的家伙。

果真，齐高帝萧道成听了，哈哈大笑，也不再追问两人到底谁为第一了。

在语言表达中，有的时候直来直去地说话并不能取得很好的效果，而是需要采取“迂回”的手段来达到说话的最终目的。对于不宜直言的问题，绕个弯儿说话，有时会让自己化险为夷，起到意想不到的效果。善于运用此法的人，既不得罪人，又达到了自己的目的，可谓是做人的大智慧。

我国古时候，有一个县官很喜欢附庸风雅，尽管画术不佳，但画画的兴致很高。他画的虎不像虎，反而像猫。并且，他每画完一幅画，都要在厅堂内展出示众，让众人评说。大家只能说好话，不能说不好听的话，否则，就要遭受惩罚，轻则挨打，重则流放他乡。

有一天，县官又完成了一幅“虎”画，悬挂在厅堂，召集全体衙役来欣赏。

县官得意地说：“各位瞧瞧，本官画的虎如何？”

众人低头不语。县官见无人附和，就点了一个人说：“你来说说看。”

那人战战兢兢地说：“老爷，我有点怕。”

县官：“怕，怕什么？别怕，有老爷我在此，怕什么？”

那人：“老爷，你也怕。”

县官：“什么？老爷我也怕。那是什么，快说。”

那人：“怕天子。老爷，你是天子之臣，当然怕天子呀！”

县官：“对，老爷怕天子，可天子什么也不怕呀！”

那人：“不，天子怕天！”

县官：“天子是天老爷的儿子，怕天，有道理。好！天老爷又怕什么？”

那人：“怕云。云会遮天。”

县官：“云又怕什么？”

那人：“怕风。”

县官：“风又怕什么？”

那人：“怕墙。”

县官："墙怕什么?"

那人："墙怕老鼠。老鼠会打洞。"

县官："那么，老鼠又怕什么呢?"

那人："老鼠最怕它!"那人指了指墙上的画。

故事中，被点名的差役没有直接说县太爷画的虎像猫，而是接二连三地抬出第三方，绕着弯说话。让县官在众人面前保住了脸面，又让自己避免了一场灾难。

任何一种意思都可以含蓄隐晦地表达，与人说话时，言语不可太直，否则会招惹对方不快。所以，在与上级交往的过程中，我们要学会说话"绕弯儿"，这样才不至于冲撞上级，才会讨得对方的喜欢。

在现实社会里，直言直语是一把伤人又伤己的双面利刃，而不是一种对人对己有益无害的沟通方式。如果你是一个平时喜欢直言直语的人，那么你应该注意以下两个方面。

1. 对人方面，少直言指陈他人处事的不当

这不是"爱之深，责之切"，而是和他过不去。而且，你的直言直语也不会产生多少效用，因为每个人都有一个内心堡垒，"自我"便缩藏在里面，你的直言直语恰好把他的堡垒攻破，把他从堡垒里揪出来，他当然不会高兴！因此，能不讲就不要讲，要讲就迂回地讲，点到为止地讲。

2. 对事方面，少去批评其中的不当

事是人计划的、人做的，因此批评"事"也就批评了"人"，所谓"对事不对人"，这只是"障眼法"。除非你力量大、地位高，否则直言直语只会替自己带来麻烦！如果能改变事实，则这麻烦倒还值得；如果不能，还是闭上嘴巴吧！如果非讲不可，也只能迂回地讲，点到为止地讲，如果没人要听，那是他们的事！

话不说满，给自己留有回旋的余地

《韩非子·说林》下篇，有这样一段话："刻削之道，鼻莫如大，目莫如小。鼻大可小，小不可大也；目小可大，大不可小也。举事亦然，为其后可复者也，则事寡败也。"这段话的意思是以雕刻比喻为人处世的道理：鼻子刻大，还可以修得小一点，如果鼻子刻小，就没有办法补救了；同样的道理，眼睛刻得小，还可以再加大，如果把眼睛刻太大，就没法再缩小。说话亦如是，说话留有空间，便不会因为"意外"出现而下不了台，因而可以从容转身。

比如，对于别人的请求或者上级交代的任务，可以答应接受，但是不要说一些"我保证没问题"之类的话，而应代以"我尽量，试试看"之类的字眼。这并非是我们不够热情或者没有上进心，而是生活中总免不了有这样或那样的意外，不在我们的能力控制范围内。说话留有空间，也是为了给自己留一条后路，当自己在意外之时避免陷入尴尬。而且，这样的回答，会让人觉得你更加谨慎，而因此更信赖你。

有位教授学识渊博，气质儒雅，颇令一批批的青年学子为之倾倒，真可以说是桃李满天下了。在经商热潮的冲击下，他也跃跃欲试地兼任了一个信息与广告咨询事务所的经理。

一天，某小杂志社的主编经人介绍来到教授家，教授热情而又不失礼节地接待了他，一番寒暄过后，主编道出了来意。原来，他们这个小杂志社有心搞一项文化活动，扩大自己的影响和募集一些资金，想请他出面帮帮忙。

教授仔细询问了一番后，感到还算满意似的频频点头："嗯，你们的想法很好，这样搞就对路子了，我愿意帮助那些有作为的年轻人。"接着他又蛮有把握地许诺说："我的学生中现在有许多已是企业和一些部门的上级了，他们一向很尊重我，也非常关心和支持我现在搞的这摊事业。我请他们搞点赞助、广告什么的，估计不成问题。"

教授此番蛮有把握的一些话，使主编大喜过望，信心也立时大增，连忙动用各种关系，好话说了千千万，才有一些“德高望重”的名人答应来捧场。

就在主编等着教授许诺肯定能够拉来的赞助款一到，便要发布消息的时候，教授忽然销声匿迹了。各路菩萨都已一一拜到，杂志社不但白白劳神费力搭钱，而且从此更会失信于人。

后来，每当老教授提起这事，他都叹着气说：“唉，为拉赞助，我不知费了多少口舌，跑了多少路，好话说了几十车，把我的老脸都丢尽了！谁知那些人原来说得好好的，什么愿意给文化事业投点资吧，什么您出面我们还有什么可说的……可事到临头，该往外掏钱了，就又都变卦了！这下我倒好，成了猪八戒照镜子——里外都不是人了！”

生活中有许多尴尬是由自己一手造成的，其中有一些就是因为话说得太绝、事做得太过分造成的。说话时，多些考虑，留有余地，要给自己留条后路。否则，君子一言，驷马难追，不仅会给人际关系造成不应有的损失，还会因此影响自己的前途和声誉。

夏亮是一家报社的记者，这一天主编安排他去采访一个作家，这个作家是出了名的不接受采访，但是夏亮并不知道这件事，所以当上级问他能不能做到时，夏亮自信满满地说：“没问题，3 天搞定。”主编感到很高兴，以为夏亮有什么秘诀。

夏亮在接受任务之后才知道这个作家是不接受采访的，但是既然已经答应就一定要去做，就这样 4 天过去了，他的采访完全没有进展，主编找到他时，他只好和主编说：“对不起，这次采访比较困难，我没有采访到那位作家。”

听了夏亮的话，主编生气地说：“办不了你当初就直说，这不是耽误事吗?”

从这以后主编再也不敢把重要的采访任务交给夏亮了。

上级布置的任务，千万不要在不了解的情况下轻易承诺，因为一旦你在事后才发现自己无法胜任时，会让上级对你的评价大打折扣，认定你是一个不负责任、不可靠的人。所以，当上级或他人委托你做某事时，请你一定不要不假思索地满口应承。就算感到抹不开面子，至少也要冷静一分钟，在大脑中转一个圈子，考虑这件事自己能不能办得到，办得好。把自己的能力与事情的难易程度以及客观条件是否具备结合起来统筹考虑，然后再作决定。

即使是自己熟悉的工作也不要轻易地说保证没问题，而是应该用更谨慎的方式来表达自己的决心，告诉对方你会尽你最大的努力完成这项工作，或者说在没有意外的情况下一定准时完成，这样的说法会让上级明白，工作中是充满了变数的，所以被某些变数所干扰而导致工作不能如期完成的情况是存在着的。这样即使工作没有如期完成，上级也会正确地评估你的努力，进而肯定你的成绩。如果工作如期完成了，上级一定会喜出望外，他对你的评价也会随之增高。

总之，说话留有空间，不把话说得太满太绝，时刻为自己留一些余地，这是处理人际关系的一种策略。

含糊表态，不给上级留话柄

在职场中，与上级说话是一门大学问，哪些话该明说，哪些话不该说都是有门道的，不该明说的话就采取“含糊表态”的方式表达。“含糊表态”就是运用不确定的或不精确的语言进行交际的妙法。在与上级说话时，恰当地运用适当的含糊，可以委婉地表达你的意见，有时可以达到意想不到的效果。

清朝的嘉庆皇帝，登位后对前代留下的一些遗留问题进行处理，还准备破格提拔几位曾为前朝作过贡献却被奸臣排挤、打击的官员。但这破格提拔的事在清朝没有先例，群臣反应不一。嘉庆皇帝拿不定主意，便问老臣纪昀。纪昀沉吟片刻，说：“陛下，老臣承蒙先帝器重，做官已数十年了。从政，从未有人敢以重金贿赂我；为了撰文著述，也不收厚礼，什么原因呢？这只是因为我不谋私、不贪财。但是有一样例外，若是亲友有丧，要求老臣为之主事或作墓志铭，他们所馈赠的礼金，不论多少厚薄，老臣是从不拒绝的。”

嘉庆皇帝听完纪昀一席话感到莫名其妙，仔细一想，才点头称许，于是下了破格提拔这批官员的决心。

原因何在呢？原来纪昀是用模糊之法，提出自己赞成皇帝应该放下包袱，大胆去做的建议。纪昀的这番话听起来答非所问，但细究起来里面大有文章。既然为官清廉，为什么对亲友之丧事主事、作铭所得概不拒绝呢？为祖宗推恩无所顾忌之故也。您嘉庆皇帝破格提拔曾为先帝作过突出贡献的官员，也是为祖宗推恩，弘扬先帝的宏德，没有什么不对的，那还有什么顾忌呢？这不正和我纪昀为别人主事、作铭不辞让馈赠，好让死者的后人为死者尽孝的道理一样吗？嘉庆皇帝是聪慧之人，怎能悟不出其中的寓意呢！

纪昀为何如此含糊其词呢？出于两种考虑：其一，虽然建议破格提拔这些官员，但不可明说，不管采纳与否，名义上自己都没有介入，皇帝也好，其他人也好，抓不着把柄；其二，嘉庆皇帝秉性聪明，且一向爱自作主张。不说吧，自己的意见皇帝不清楚，而且皇帝会不高兴。倘若说白了，恐有教导皇帝、不自量力的忌讳，起了个反面的作用。不如用此模糊之法，让皇帝自己“悟”出道理来，既说出了自己的意见，又迎合了皇帝好自作主张的秉性。纪昀此“糊涂”之言，可谓一举两得！

有时候，话说得过于明白真实，反而不会达到好的效果。如果能够说得含糊一点，反而会起到更好的效果。当面对上级的提问时，含糊地表明自己的态度和观点，这样说话既不得罪人，又可保全自身，实在是一种难得的智慧。

在工作中，经常可能碰到一些不能回答但又不能不回答的事情，这时候可以巧妙地使用模糊的语言进行对答。比如，上级向你询问一些不在你工作范畴内或者你并不熟悉的问题，你不知道该如何回答时，最好还是不要说不知道。你可以对上级说：“让我再认真想一想，过一会儿给您答复好吗?”这样，巧妙回避了你不了解的情况和不知道的事，之后再询问其他人，或者查找相关的资料。这不仅能暂时为你解危，也能让上级认为你在这件事情上很用心，很认真。不过，事后可不能懈怠，要及时向上级交出自己的答复。

据说，乾隆皇帝有一次突然问刘墉：“京城共有多少人?”刘墉猝不及防，却非常冷静地回了一句：“只有两人。”乾隆问：“此话怎讲?”刘墉答曰：“人再多，也只有男女两种，所以只有两人！”皇帝又问：“今年京城里有几人出生？有几人去世?”刘墉回答：“只有一人出生，却有十二人去世。”乾隆问：“这又是何意?”刘墉妙答曰：“今年出生的人再多，也都是一个属相，岂不是只出生一人？今年去世的人则十二种属相皆有，岂不是死去十二人？”乾隆听了大笑，连连说妙。

确实，刘墉的回答极妙，皇上发问，不回答显然不妥，答吧，心中无数又不能乱侃，这才急中生智，以含糊的回避转移法趣对皇上，结果赢得皇上的好评。

在生活或工作中，并不是什么时候都需要明明白白的，在某些特定的场合，出于某种特别的考虑，说得含含糊糊一点儿效果反而更好。特别是当上级对你提出请求或回答上级的问题时，作出间接、含蓄、灵活的表态，不直接拒绝或否定，来保全双方的面子，既能为自己以后的行事多留条后路，又可避免最后事与愿违的尴尬和后续责任的承担。

然而，我们并不是说凡事都得“模糊表态”。该明确表态的，也含糊其词，那是十分错误的。那么，遇到什么样的问题，在什么样的情况下，宜用“模糊表态”的方式呢？

1. 当受情势所迫时

有些事情碍于某种情势或某种关系，不便把话挑明时，你可以说：“这件事比较棘手，让我看看再说。”这样就给自己以后的态度留下了回旋的余地。

2. 当事态不明朗时

当事情处于发展变化的初期，实质性的问题尚未表露出来，这时就需要利用具有“弹性”的模糊语言来应对，切不可贸然行事、信口开河地去下结论。

总之，模糊语言能给自己留下一个仔细考虑、慎重决策的余地。否则，君子一言，驷马难追，不仅影响自己的威信和声誉，也对事业对人际关系造成不应有的损失。

同样的话，换一种方式表达更顺耳

生活中，常常见到这样一种情形：同样的意思，同样内容，随着表达方式改变，效果却可能截然不同。比如，我们要说的意思是一个女士很胖。一种说的方式："你真的很胖，需要减肥"；另一种说的方式："从前您一定是个很苗条的人"。表达的方式还会有很多种，如果你是那位女士，会喜欢哪种说法，当然是第二种。所以，我们在要表达自己的观点时不妨深思三秒钟，也许会生成更精彩、让人喜欢的语言。

人与人之间沟通，尤其是与上级沟通，表达的方式方法很重要。俗话说"一句话说得让人跳，一句话说得让人笑"，嘴上的功夫看似雕虫小技，有时却能改变一个人的命运。同样一个目的，用不同的方式表达，所达到的效果也会大不一样。

年底，某公司成绩明显，为了奖励销售部，公司上级决定让销售部海南旅游 15 天，但只有 10 个指标，这下，销售部王主管觉得犯难了，因为公司有 12 个销售员，如果剩下 2 个人没有去，那 2 个人肯定会有意见的。于是他决定再向上级申请 2 个名额。

"总经理，我们部门 12 个人都想去海南，可只有 10 个名额，剩余的 2 个人会有意见，再给 2 个名额可以吗?"王主管申请道。

总经理不耐烦地说："筛选一下不就完了吗? 公司拿出 10 个名额的消费就已经不少了，你们怎么不多为公司考虑? 你们呀，就是得寸进尺，不让你们去旅游就好了，谁都没意见。我看这样吧，你们其中有两个主管姿态高一点，下一回再去，这样，问题不就得到解决了吗?"

小王无功而返。销售部的士气一下子低落下来。

为了鼓舞士气，另一名主管小李又跑去恳求经理："总经理，大家今天听说去旅游，非常高兴，觉得公司越来越重视员工了，员工们真是太感动了。李总，这事是你们突然给大家的惊喜，不知道当初是怎样想出这个好办法的呢?"

总经理说："真的是想给大家一个惊喜，这一年公司效益不错是大家的功劳，考虑到大家辛苦一年，第一，是该轻松轻松了；第二，放松后，工作起来才会有更好的效果；第三，是增加公司的凝聚力。大家要高兴，也就达到了我们的目的。"

小李见缝插针地说："也许是计划太好了，大家都在争这10个名额。"

总经理："当时决定10个名额是因为你们部门有几个人工作不够积极。你们评选一下，不够格的就不安排了，对他们来说，算是一个提醒吧。"

小李委婉地说："其实我也同意您的想法，有几个人与其他人比起来是不够积极，不过可能在生活中有一些影响他们的原因，这与我们对他们缺乏了解，没有及时调整都有关系。责任在我，如果不让他们去，对他们打击会不会太大？如果这种消极因素传播开来，影响不太好吧！公司花了这么多钱，如果只是因为这2个名额而降低了效果，恐怕太可惜了。

我知道公司里的每一笔开支都是要经过精打细算的。如果公司能拿出2个名额的费用，让他们有所感悟，促进他们来年改进，那么他们给公司带来的利益要远远大于这部分支出的费用，不知道您认为怎么样？总经理，您能不能考虑一下我的建议。"

总经理听完，想了想说："那好吧，再给2个名额。"

事情就这样顺利地解决了。

说话的方式有很多种，方式无所谓好坏，却有适不适当之说。适当的话容易被接受，不适当的话自然就会被拒绝。很多时候，说话不在于说什么，而在于怎么说。会说话的人，根本不用赤膊上阵，不用立功请赏，也许就能打动上级，为自己扫除成功路上的障碍，从此平步青云。

元华是一家快递公司的人事助理，最近他遇到一个棘手问题，由于公司一向的承诺是将快递于24小时内发到客户手中的，但是，公司车辆经常走的那段马路在施工，所以不得不绕开走别的路，这样就延长了对于某些合作公司的送货时间，惹来了客户的不满。

眼见公司意见簿上的意见越来越多，元华的心也越来越沉，他很想将此时的情况上报给上级，可是又怕遭到上级的批评。

元华迫使自己冷静下来，将整个事情在自己的脑海中捋顺，并将造成事情的原因以及如何去处理都想好了方案，如此之后才轻轻地敲开了上级的门。

他笑着对上级说："我们好像遇到了一些状况。"上级也笑着问："哦？都是些什么状况？"元华冷静且耐心地将事情讲给上级听，并且解释道："之前我已经仔细看了有关的合同，公司是不需要承担责任的，因为发生这种状况实属不可抗拒。但这还是违背了公司为客户服务的宗旨，应该让客户继续感受到我们的服务，让他们觉得这并不是公司的本意，所以我的意见是应该给位于那个路段的所有客户发一封致歉信。"

上级听完元华的话，赞许地点了点头。走出上级的办公室，元华大大松了口气，总算将难题圆满解决了。

元华并没有在一遇到问题的时候，就冲进上级的办公室报告这个坏消息，而是控制住了自己的情绪，并且想好了解决办法之后，才敲开上级的门。而且一开头说"我们好像遇到了一些状况。"并没有让上级觉得突然，在语速和内容上都给了上级一个缓冲的时间，让他也有了一个调整和准备，不至于听到消息后立刻发怒。随后元华从容不迫地说出事情的缘由和解决的办法，让上级觉得状况并不是不能解决的，而且这个得力的下属正同自己并肩作战，共同面对难题。

在职场当中，不仅要会干，还要会说。同样的话可以有不同的说法，不同的说法会有不同的结果，有的时候只要稍微改变一下说法，即可产生完全不同的效果。所以学会利用舌头，用不同的方式向上级表达同样的话是人生的必修课。

技巧⑦

言谈有礼，显示出对上级的尊重

无论一个人在社会上扮演什么样的角色，充当什么样的身份，礼貌一直是维持人际关系不断互动的规则。一个有礼貌的人无论到哪里都会受欢迎，受到人们的热诚接待，而一个习惯于出言不逊的人，就不会得到别人的喜欢。在职场中，与上级说话，同样需要言谈有礼，在言谈之间体现出对上级的尊敬，这既可以赢得上级的认可，又能为自己营造一个和谐的谈话环境。

有则改之无则加勉，坦然接受上级的批评

在职场中，下属出现了差错而被上级批评，是经常发生的事情。虽然良药苦口利于病，忠言逆耳利于行，但多数人是很难以积极的态度对待批评的。任何教训、指责，都会使人感到伤了自尊而处于自我防卫状态，并且往往会激起他极大的反感，促使他竭力为自己辩解。可以说，闻过则喜者少。喜表扬，恶批评，是一种普遍存在的心理现象。

英国学者利斯特曾说过："我能想象到的人的最高尚行为，除了传播真理外，就是公开放弃错误。"是的，错误并不可怕，批评也不可怕，关键在于你怎样去认识它们、对待它们。其实，批评就是一面镜子，照出言行的是与非，灵魂的美与丑。批评，有时候听起来刺耳，但就在逆耳之言中，让人清醒。从错误中吸取教训，从批评中汲取营养，这样，你就会逐步走向成熟，走向成功。

小辉大学毕业后从最基层做起，一步一步向上晋升，最后成为一家建筑公司的工程估价部主任，专门估算各项工程所需的价款。

有一次，他的一项结算被一个核算员发现估算错了1.2万元。老板把他找来要指出他算错的地方，请他拿回去更正，并希望他以后在工作中细心一点。没想到小辉既不肯认错，也不愿接受批评，反而大发牢骚，说那个核算员没有权力复核自己的估算，没有权力越级报告。

老板问他："那么你的错误是确实存在的，是不是？"小辉说："不是的。"

老板见他既不肯接受批评，又认识不到自己的错误，本想发作一番，但考虑到他平时工作成绩不错，碍于情面，就原谅了他，只是叫他以后注意，这件事也就算过去了。

不久，小辉又有一个估算项目被老板查出了错误。老板把他找来想谈谈这件事，可刚一开口，小辉就很生气，认为是老板故意和他过不去："不用多说了，我知道你还因为上次那件事记在心里，现在特地请了专家查我的错

误，借机报复。但这次我肯定没错。”老板没想到小辉会死不认错，还把问题移到自己的身上，便让小辉自己去请别的专家来帮他核算一下。结果，小辉请别的专家核算后才发现确实错了。

这时，小辉无话可说了。老板对小辉说：“现在我只好请你另谋高就了，我们不能让一个不许大家指出他的错误，不肯接受别人批评的人来损害我们公司的利益。”

“人非圣贤，孰能无过”。当你因工作失误受到上级批评时，需要表现出诚恳的态度，及时查找出现失误的原因，吸取教训，不断改进工作方法，避免发生类似错误。这是正确的对待批评的基本原则，能体现下属对上级的尊重，和对工作认真、负责的态度，以及敢于承认错误纠正错误的精神。如果被批之后，不断地找借口辩解，上级对你的印象就会大打折扣。相反，如果你能够耐心地听他把话说完，再吸其精华弃其糟粕，那这批评对你来说就是一剂良药。

林立是个做事认真负责的人，身为经理的秘书，他的工作很让经理满意。但人难免会有出错的时候。这天，经理叫他统计 7 月份、8 月份的销售数据。他很快做好，并把报告交给了经理。

经理拿过来一看，立刻问他：“这是怎么回事，7 月份的数据为什么和 8 月份的相差如此之大？”

林立一看，发现由于自己的疏忽，7 月份的数据少加了一个零。发现了这个错误后，林立马上诚恳地说：“经理，对不起，是我刚才统计的时候疏忽了，我现在马上拿去修改，待会儿就给您一份正确的数据。”

经理一看林立的认错态度良好，因而也就不再责问他。

面对经理的责问，林立知道是自己的工作失误造成的，因此他没有回避责任，而是诚恳地接受经理的批评，这样一来经理自然会愿意原谅他的失误了。

工作中出现一些失误和缺点是在所难免的，每个人都会遇到，但是当面对上级的批评时，会办事的下属就善于掌握火候，真诚接受上级的批评并马上改正，在赢得上级好感的同时也避免自己陷入尴尬难堪。

作为下属，在面对上级批评时，要注意以下几个方面：

1. **不要急于争辩**

上级批评你时，不要急于争辩，静静地听他把话说完，尤其要注意自己的动作、表情，不要让他感觉到你不愿意继续听下去。正确的做法应该是直视他的目光，身体稍微前倾，表明你在很认真地听取他的批评，等对方把话说完后再进行解释，或提出反对意见。

2. **口头向上级认错**

即使上级对你的批评没有道理，你也要在口头上肯定他的诚意。如果上级确实有诚意的话，你的态度会让他感到欣慰，从而他的态度也会渐渐缓和下来。如果上级是另有动机的话，你表现出来的礼貌和涵养会让他心虚，从而表现出不自然。这样，你还可以从对方的反应分析他的批评是否是善意的，不要暗示对方，认为他对你的批评是基于某种不为人知的企图，这样，在你们之间会产生更深的对立。因为，即使上级确实出于某种动机，也有权利对你的某些行为提出异议。

3. **让上级把批评你的理由说清楚**

当上级批评你的时候，你应积极地促使上级说出他的理由，这种方法有利于你了解真相，从而找到解决问题的方法。有些上级在提出批评时，不能做到就事论事，而是用一些含糊其词的言语，这时让他把要说的话彻底说完，这样对方在说话过程中自然而然会流露出他真实的想法，你也因此能捕捉到事情的缘由。采用认真、低调、冷静的方法对待上级的批评，不会损害你们之间的关系。

4. **不要当面顶撞上级**

上级不会无缘无故地批评下属，聪明的下属能善于利用批评，对待批评，这也体现了对上级的尊重。即使是错误的批评，处理得好，坏事也会变成好事，上级认为“此人虚心，没脾气”，可能会对你留下好印象；而如果你横加顶撞，虽然一时痛快，但你和上级的关系就会恶化。他会认为你“批评不得”，因此也就得出了另一种结论“这人重用不得”。

当面顶撞上级不仅令上级很失面子，你自己也可能下不了台。如果你能在上级发火的时候给他个面子，大度一点儿，事后上级会感到不好意思，即使不向你当面道歉，以后也可能会以其他方式给你补偿的。

5. **受到批评不要过多解释**

对于上级的批评，要有忍耐性，你大可不必百般申辩。挨批评只是使你在别人心里的印象有些损害，但如果你处理得好，上级会产生歉疚之情、感激之情，你不仅会得到补偿，甚至会收到更有利的效果，这与你面子上的损失一比，哪头轻哪头重，显然是不言自明的。而你要是反复纠缠，寸理不让，非把事情搞个水落石出，上级会认为你气量狭窄，斤斤计较，怎能委你以重任呢？

及时安慰，抚慰上级的心灵

我们在遇到挫折或不幸时，都需要来自他人的安慰。同样，上级也会遭遇工作上的困难和生活上的困难，你若能敏感地发现，并及时给予热情的关心，想方设法排忧解难，上级自然会乐于与你交往，在不自觉之间，也对你的工作加以特殊的照顾。

陆明在学校里面和教务处主任关系不是很亲密。有一次，主任由于胃出血住院急诊。陆明听到后便买了一些营养品，去医院看望主任。

看着病床上躺着的主任，陆明诚恳地对其夫人说："您的孩子在外地上大学不能回来，而您又这么大年纪，像这样日夜照看，身体怕支撑不下来。我年轻力壮，身体又好，如果您需要我来替您照看一下主任的话，您尽管说，不要太客气了。再说现在也不是讲客气的时候。"

几句掏心窝子的话一说，立即把他和主任的关系拉近了许多。这以后，主任对陆明的态度特别亲热，老远见到陆明就打招呼，工作上也特别照顾。

而事情也巧，主任出院后的一周，学校里要选一个年轻人出国深造，然后回校挑重担。经过千挑万选，最后确定在陆明和另一个同事之间，而决定权却握在主任手里。

结果是学校派了陆明出外深造。

想必陆明当初也没想到，去医院探望主任时说的那一番话会产生这么大的效果。但事实却向他证明了他行动的正确性。

陆明之所以最终能得到这个出国的名额，和他与主任关系密切有很大关系。而他和主任关系变得密切，又是从主任生病时陆明前去看望安慰开始的。所以，当上级生病时，及时给予安慰，是非常有必要的。

人人都有遭受挫折、情绪低落的时候。当上级遭受挫折或者不幸的时候，你不能袖手旁观，而应该及时地去安慰他，给予适当的鼓励，使其振作起来、渡过难关。这样，不仅可以赢得上级的信任与支持，而且可以密切上下级之间的关系，创造一个融洽的工作环境。

张经理的儿子刚刚经历了人生重要的一次转折——高考。孩子人生的关键时刻，是全家希望的焦点所在，之前备战甚为艰苦，然而成绩出来后却因几分之差与心目中的重点大学失之交臂，张经理非常沮丧。此时，作为他的下属，热心的你该怎样安慰他呢？

下属小王，进公司不久，年轻热情，主动性强。见张经理这么沮丧忍不住安慰说：“经理，不要难过了，其实考不上重点大学也不是什么绝望的事情，是金子到哪儿都能发光，你看我上的也不是重点大学，现在不也挺好吗？”

下属老徐，人近中年，阅历丰富。见经理沮丧，安慰道：“经理啊，你的感受我能理解，你看，你们全家尤其是孩子花了那么多心血备考，考不上确实很可惜，但也别太难过了，还是想想看有没有其他办法，看看有什么亲朋好友认识学校的人，说不定有办法让孩子能读上重点大学呢。别急别急，办法总比困难多。”

如果你是上级，你会比较喜欢哪个人的安慰呢？两位下属的安慰正好代表了两种安慰方法。小王的安慰属于消极对比的安慰，而老徐的安慰属于积极进取的安慰。相对于小王来说，老徐的安慰更给了上级一些积极的希望，就算张经理最后没能找到解决儿子读大学的方法，相信他也是非常感谢老徐的。

有时候，人在最软弱，最需要安慰时，几句贴心的话，会使彼此的感情融洽。但在安慰时，一定要注意各种安抚技巧的运用，从而达到理想的效果。

1. **针对不同的情况给予不同的安慰**

如果上级面临事业上的不如意，你就需要对其强烈的事业心给予充分理解、支持。这个时候，理解应多于抚慰，鼓励应多于同情。你就不必劝慰对方忘掉忧愁、痛苦，更休想说服对方随波逐流，放弃他的理想、追求。最好的安慰，就是帮助对方总结经验教训，分析其所面临的诸多有利不利条件，克服灰心丧气的情绪，树立必胜的信念，并共同探讨通向事业顶峰的光明之路。

如果上级不幸身患重病，应不必过多谈论病情。你应该多谈谈病人关心、感兴趣的事情，以转移对方的注意力，减轻精神负担。如能尽量多谈点与对方有关的喜事、好消息，使他精神愉快，更有利于早日康复。

2. **倾听对方的苦恼**

由于生活体验、家庭背景、所受的教育、工作性质等不同，形成了每个人对于苦恼的不同理解。因此，当试图去安慰一个人时，首先要理解他的苦恼。安慰人，听比说重要。一颗沮丧的心需要的是温柔聆听的耳朵，而非逻辑敏锐、条理分明的脑袋。聆听是用我们的耳朵和心去听对方的声音，不要追问事情的前因后果，也不要急于作判断，要给对方空间，让他能够自由地表达自己的感受。聆听时，要感同身受，对方会察觉到我们内心的波动。如果我们对他的遭遇能够“悲伤着他的悲伤，幸福着他的幸福”，对被安慰者而言，这就是给予他的最好的帮助。

3. **安慰是同情，但不是怜悯**

同情是一种真心实意的善良心情，彼此应站在完全平等的地位上交流思想感情，给对方精神上、道义上的支持，并分担对方的感情痛苦。与之相对的是，怜悯不是平等的思想感情交流，不是精神上、道义上的敬赠，而是一种上对下，尊对卑、强者对弱者、胜者对败者、幸运者对不幸者的感情施舍。

说出同情的话语，有劝慰也有鼓励，语气低沉而不乏力量，而且尽量不当面说出“可怜”、“造孽”等词语。怜悯的话语，只有一味的悲伤，语气低沉、无力，而且把“可怜”、“造孽”等词语经常挂在嘴边，仿佛在欣赏、咀嚼对方的痛苦。所以，你应该记住的是，安慰需要同情，但切不可怜悯。

4. 安慰需要换位思考

安慰别人最大的障碍，常常在于我们无法理解、体会、认同当事人所认为的苦恼。人们容易将苦恼的定义局限在自我所能理解的范围中，一旦超过了这个范围，就是“苦”得没有道理了。由于对他人所讲的“苦”不以为然，我们容易在倾听的过程中产生抗拒，迫不及待地提出自己的见解。因此，我们需要放弃自己根深蒂固的观念，承认自己的偏见，真正站在对方的角度去看他所面临的问题。

5. 运用善意的谎言进行安慰

善良的谎言，有时胜过不该说的真话。在安慰别人时，适时的谎言往往就能起到意想不到的作用。

这里所说的谎言，当然是指善良的谎言，即为了减轻不幸者的精神痛苦，帮助不幸者重振面对生活的勇气。如对于本来就感情脆弱、意志薄弱、身体虚弱的不幸者，其心灵已经伤痕累累，不堪重负。如果再如实地将他所面临的噩耗讲出来，对方就有可能因承受不住沉重的打击而一蹶不振，甚至危及生命。所以，在这种特殊情况下，与其立即如实相告，还不如暂时隐瞒真相。当事人以后明白了真相，只会感激、不会埋怨。即使当时半信半疑，甚至明知是谎话，通情达理者仍感到温暖、宽慰。因为他是被关怀、爱护，而不是被欺骗、愚弄。

总之，在对上级进行安慰时，一定要掌握和他说话的技巧和方法。这样才能达到安慰他、鼓励他的目的，也才能让上级感受到你对他的尊重，拉近你和上级的关系，走进上级的内心。

主动道歉，赢得上级谅解

古语云：人非圣贤，孰能无过？在职场中，倘若自己的言行有失礼不当之处，或是犯了错误，最聪明的方法，就是及时向上级道歉。衷心道歉不但可以弥补被损伤了的关系，而且还可以增进感情。

但在现实生活中，却有不少人不愿放下面子主动去道歉的，以至于误解越来越深。这大概是人生来就有的缺点吧，为了“面子”，不敢承担自己应该承担的责任；这可能也是人们心灵脆弱的一面，不愿面对自己的错误。

刚大学毕业的小刘踌躇满志，准备在工作上大干一场，然而他的很多意见却被上级认为是行不通的，在一次工作会议上，当小刘的方案再一次被毙掉时，他一时失控，与上级争吵了起来。从那之后，小刘感觉到上级对自己越来越冷淡，他不想因此失去工作，却又不知该如何解开与上级结下的结。

不论对错，在职场中得罪了上级总不是一件好事。如果你碍于面子或感情用事，不能及时化解的话，很可能会使双方关系进一步恶化，最后导致不得不离职。实际上，只要你诚心道歉，且方法得当，矛盾还是容易解开的。

道歉，并不意味着丢脸，反而，在一定意义上，它意味着勇于改正错误。毕竟“人孰无过，过而能改，善莫大焉”。学会正确地道歉，对一个人来说是很重要的。道歉的好处在于，它可以冰释前嫌，消除他人对自己的恶感，也可以防患于未然，维系良好的人际关系。

真诚地向别人道歉，是一个聪明人的明智之举。这就意味着，你要改正自己的错误。道歉并非耻辱，而是真挚和诚恳的表现。“解铃还须系铃人”，化被动为主动道歉的效果更好一些。做错了事主动道歉，远比那些千方百计找理由给自己辩护的人更能得到谅解，甚至是尊敬。而且这类人通常拥有宽阔大度的胸怀，比较理性，能认识到矛盾对双方关系的不利影响。因此，主动道歉不仅是一种智慧，更是一种品质、一种胆识。

某公司召开部门例会，会上主要讨论下季度的市场项目和预算，小王在给大家通报了自己的项目和预算后，忍不住抱怨了下公司的网络财务系统，说财务部为了自己工作方便，让软件公司设计了那么复杂的系统，人为地给其他部门增加了工作量。说完她才意识到，例会上坐着个财务部的主任，而且那套财务软件系统就是那位主任负责建立起来的。

在大家的目光暗示下，小王立刻注意到了财务部主任尴尬的表情，立刻当众向财务部主任道歉说："对不起，刚才那么说是开玩笑的，我实在是被这套系统整晕了，我也知道财务的同事肯定不是故意为难大家的。可能平时大家工作中沟通比较少，如果能问问大家对这套系统的反馈，让软件公司改进一下就好了。"

财务部主任脸色立刻缓解，马上点头同意："是啊，各部门的要求也不一样，我们是准备大家用一阵子就搜集反馈让软件公司集中改进呢。"后来财务部主任果然很认真地开始搜集各部门的反馈，最后让软件公司把系统调整到大家都比较认可的状态，不仅解决了矛盾，也促进了工作。

主动道歉是打开通向原谅和恢复关系大门的最有效的钥匙。美国公关专家苏珊·亚各贝曾说："学会道歉是一个重要的社会技能，真诚的道歉将会使人们感受到人与人之间最美好的情感。"所以，聪明的人要学会真诚地向别人道歉。

但是，道歉不仅仅只是说句"对不起"，如果道歉的方式欠妥，反而会错上加错，甚至会造成不堪设想的严重后果。所以，我们必须掌握道歉的艺术，因人、因事解决问题，化解矛盾。

1. 陈述自己失误原因

当错误已经酿成的时候，当事人首先要坦率承认错误，真诚道歉，使对方的怒气渐渐平息下来。然后再从主客观方面出发，向对方分析自己失误的原因，述说自己的难处，在一般情况下，对方都会理解你的苦衷，谅解你的过失。

2. 道歉要抓住时机

道歉要善于把握适当的时机，应选在上级心平气和、有喜事临门等心情较好的时候。这时，他更容易接受我们的道歉。当然，时间宜早不宜迟。最好不要拖延时间，要马上道歉，越早越好。如果错过时机再道歉，不仅难以启齿，而且会让听者认为你没有诚意，失去应有的效果。

3. **道歉要有诚意**

只有态度诚恳，人们才会接受你的道歉。如果你只是迫不得已，敷衍了事，那么道歉就不会起到好的效果。所以向上级表示歉意时要有诚意，当你道歉之后，对方的怒气或怨气肯定还没有完全消除，这时，你要耐心倾听对方的诉说，让对方重复发泄内心的不满。从不满到谅解总需要一个过程，切不可操之过急。如果你耐不住性子地说一句："我都道歉了，他还没完没了，那就是活该!"这样不仅会前功尽弃，还会重新激化矛盾。

4. **道歉要堂堂正正，不能躲躲闪闪**

道歉是一种光明正大的事情，所以没必要躲躲闪闪，羞羞答答。但是也没必要夸大其词，一味往自己脸上抹黑，这样别人不仅感受不到你的真诚，反而会觉得你很虚伪。

5. **把道歉作为一种美德**

道歉绝不是一种丢脸的事，你做错了事，向上级道歉，这是一种诚实和成熟的表现，是一种可贵的美德，特别是主动向自己的上级道歉，体现了你对上级的充分尊重，这也是一种勇于担当的表现，会博得上级对你的好感。

在和上级打交道时，不小心得罪了上级，下属要及时而真诚地向上级道歉，学会运用以上几种方法，让上级看到你真诚的歉意，并谅解你一时的失言。这样一来，你在上级心目中的形象才不至于受损，下次你和上级的沟通也能更加顺畅地进行下去。

与上级谈话，礼貌用语要用好

在社会交际中，语言是必备的也是最重要的工具之一。要想交际成功，讲究礼貌是在使用语言表情达意的时候要特别注意的。俗话说："有'礼'

走遍天下，无‘礼’寸步难行。”从这个意义上讲，没有礼貌的人是举步维艰的。语言是否文雅，反映了说话人的思想素质。思想素质高，尊重别人，说话就有礼貌，说话就文雅；相反，思想素质差，不尊重别人，说话自然就缺乏礼貌。

在职场中，要学会与上级相处的艺术，同样要懂得与上级相处的礼仪。把礼仪作为你应该做的，形成工作中的一种日常规范，那样就会有利于你不断进取。如果不懂得与上级相处的礼仪，想赢得上级的信任恐怕就不是很容易的事了。

张丽萍老师是某大学的教授，一天，她正在办公室里备课，有人敲门，她习惯性地说了声请进。抬头一看，是一位女生，但是她并不认识，她想也许是找别的老师的。但是那位女生四下看了看，并没有确认自己找谁，张口就说道："张丽萍呢?"

这话一出口，大家都愣了一下，都往张丽萍这里看，张丽萍心里也很纳闷，在学校里这么多年，还没有谁直呼其名的。她脸色微微一变，但还是有礼貌地对她说："我就是，找我有什么事吗?"

那位女生大大咧咧地说："噢，你就是张丽萍呀，我可早就听说过你了，我是某某教授的学生，我的论文你给我看一下!"

原来当时有规定，论文答辩时要请一个校外的专家来指导。这位女生是外校的学生，来找张丽萍教授给自己批阅论文。

张丽萍到底是有涵养的人，看到这个学生这么没有礼貌，并没有发火，只是随口说道："那你就放那里吧!"

这名女生就把自己的论文往她的桌子上一扔，说："你快点看呀！后天我们要论文答辩，你可别耽误我的事!"

张丽萍再也无法忍受，说："请问你是找人办事还是下达命令呢？你的论文拿走，我没有时间给你看!"

生活中有很多这样的例子：仅仅因为一个小节的礼貌疏忽，便使自己的形象在别人的心目中大打折扣。相反，一个有礼貌的人很容易就会被别人认可、接受，既可以给别人带来温暖，也会使自己变得十分愉快。

礼貌就是一个人的名片，说话有礼貌的人总是更受人欢迎。说话有礼貌，可以使对方有一种受到尊重的感觉，觉得心里很舒服，从而乐意接受你的建议，并顺理成章地也会尊重你这个人。有句俗话说得好，礼多人不怪，说的就是这个道理。

某高校的一批应届毕业生，被导师带到北京某实验室里参观实习。他们坐在会议室里，等待实验室王科长的到来。这时，有位实验室的服务人员来给大家倒水，同学们表情漠然地看着她忙活，其中一个还问："有矿泉水吗？天太热了。"

服务人员回答说："真抱歉，刚刚用完。"

学生们顿时怨声一片。

只有轮到一个叫潘杰的学生时，他轻声地说："谢谢，大热天的，辛苦了。"

这个服务人员抬头看了他一眼，满含着惊奇，因为这是她当时听到的唯一的一句感谢话。

这时候，王科长走进来和大家打招呼，可能大家已经等得不耐烦了，竟没有一个人回应，王科长也感到有点尴尬。潘杰左右看了看，犹犹豫豫地鼓了几下掌，同学们这才稀稀落落地跟着拍起手来，由于掌声不齐，显得有些零乱。

王科长挥了挥手说："欢迎同学们到这里来参观。平时这些事一般都是由办公室负责接待，因为我和你们的导师是老同学，非常要好，所以这次我亲自来给大家讲一些有关的情况。我看同学们好像都没有带笔记本。这样吧，秘书，请你去拿一些我们实验室印的纪念手册，送给同学们作个纪念。"

接下来，更尴尬的事情发生了，大家都坐在那里，一个个很随意地用一只手接过王科长双手递过来的纪念手册。

王科长的脸色越来越难看，走到潘杰面前时，已经快要没有耐心了。

就在这时，潘杰礼貌地站起来，身体微倾，双手接过纪念手册，恭恭敬敬地说了一声："谢谢您！"

王科长闻听此言，不觉眼前一亮，用手拍了拍潘杰的肩膀："你叫什么名字？"

潘杰很礼貌地回答了自己的姓名，王科长点头微笑回到自己的座位上。

早已汗颜的导师看到此情景，才微微松了一口气。

两个月后，在毕业生的去向表上，潘杰的去向栏里赫然写着这个实验室的名字。有几位颇感不满的同学找到导师问："潘杰的学习成绩最多算是中等，凭什么选他而没选我们?"

导师看了看这几张因为年轻而趾高气扬的脸，笑道："潘杰是人家实验室点名来要的。其实，你们的机会不仅是完全一样的，而且你们的成绩还比潘杰好，但是除了学习之外，你们需要学的东西还有很多，礼貌便是重要的一课。"

在职场中，说话要有礼貌，这是对上级的一种尊重，只有尊重别人的人，才会获得别人的尊重。因为你满足了对方的"被人尊重"的心理，就会使别人对你怀有好感，从而也会尊重你的建议，接受你的请求。

俗话说，"言为心声，语为人镜"，说话讲文明、有礼貌，多使用礼貌用语，往往是消除误解，缓和矛盾，也能体现出一个人的思想品德、道德修养水平。所以，在日常口语交谈中，我们应该多使用礼貌用语，这是博得他人好感与体谅的最为简单易行的做法，也是交谈的技巧。

要想达到言谈有礼、和上级进行良好沟通的效果，下属应从以下几个方面去努力：

1. 切忌粗鲁，说话时要有礼貌，注意举止与表情，要在说话间给上级留下一个良好的印象。

2. 当上级坐着时，你从上级身前经过，一定要说"不好意思"或者"对不起"来表示一下你的歉意。

3. 在公众场合遇见上级，别表现出特别的热情，只需礼貌地说一声"您好！"就可以了。尤其注意不要嘘寒问暖地跟上级说个没完。

4. 不管在公司内外，只要有上级在场，离开时一定要跟上级打一声招呼，说一下类似于这样的话：对不起，我先走一步了"、"再见"。

5. 真诚相见。与上级说话时，要发自内心的真诚，以心换心，说真话，讲实话，切忌用不切实际的话来欺瞒上级。

此外，在和上级说话时，要注意摆正自己的位置，认清自己的身份和角色。在征求上级的意见时，也要以商讨的口气、温和的语调，用容易被上级接受的言辞与之交谈，达到成功交谈的目的。

总之，礼貌是人们在频繁的交往中彼此表示尊重与友好的行为规范。而礼貌用语则是尊重他人的具体表现，是友好关系的敲门砖。所以我们在职场中，会使用礼貌用语十分重要。多说客气话不仅表示对别人的尊重，而且表明自己有修养；所以多用礼貌用语，不仅有利于双方气氛融洽，而且有益于交际。

称呼有风险，开口需谨慎

中国是礼仪之邦，对人的称呼，也是充满玄机。特别是对上级如何称呼，是非常有讲究的，称呼稍有不当，可能就会得罪上级，这里面的学问大着呢，需要在工作和生活中不断地揣摩和总结。

对上级的称呼至少包含了这样几种含义：一是确认对方的社会地位；二是体现彼此间的相互关系；三是体现称呼者本人的自我修养。因此，在职场中，历来重视称呼问题。

称呼得妥帖，一个恰如其分的称呼不仅可以处理好与上级之间的关系，往往能在营造良好谈话氛围的同时有效增进工作伙伴之间的亲密与融洽，为职场发展营造一个好的环境。反之，则可能产生不快，导致尴尬情形，为人际关系设障。

周华刚刚大学毕业，在一家公司市场部任专员，入职有一个月了，平时他有事情都去请示本部门的负责人许总监，出于称谓的好听，周华平时都称他为“许总”。可是有一天，公司真正的老板陈总从国外公干回来，第一次与陈总和许总监的谈话中，周华禁不住习惯性地又称呼本部门负责人“许总”，而自己却一直浑然不知。事后陈总虽然没说什么，但从此以后，周华没有级别概念的印象，却被陈总就此定格了。

小王和小李是同事，相处几年了，关系还不错，平时彼此都“小王”“小李”的相互叫着。近来公司调整，将小王提升为部门经理，但小李对其仍用原来的称呼。一次，有客户在场的情况下，小李为了表示与上级亲热点，把部门经理称作“小王”，结果可想而知，屡被“穿小鞋”。“唉，那个人也太小肚鸡肠了，连称呼都这么计较，不知道怎么做到经理的。”小李后来跟其他同事念叨了此事，一个同事没好气地说：“这事，还真是你自己做得不妥当。人家都是经理了，你这么叫，不是存心让他尴尬吗?”

在职场中，称呼礼节是第一课。冒冒失失、没大没小的职员，在职场上是不会受欢迎的。职场上，尤其是在工作场合，你对上级的称呼，能表达出你心里是否对他尊重。恰如其分的称呼上级，不仅可以处理好人际关系，而且可以为自己赢得不少印象分，反之却为人际关系设障。

那么在职场中，我们该如何称呼上级呢?

1. 先听后问。这一点对于职场新人来讲尤为重要。刚来到一个陌生的环境时，首先要留意你身边的同事是怎么称呼上级的，千万不要冒冒失失想当然地就称呼，以免不礼貌或者有所尴尬。如果实在是不清楚，那么也不要不好意思，可以客气地直接问上级：“您好，我是新来的员工，不知道应该怎么称呼您?”一般情况下，上级会把别人习惯的称呼告诉给你。

2. 注意场合。现实生活中，有很多年轻人，思想开放，很容易把上级看为公司团队中与自己相同的一分子，特别是年龄相仿的，不管是工作时间还是下班时间，都毫不忌讳地直呼其名、称哥道弟，或是喊其“外号”。这显然有违职场规则。要知道上级不是你的朋友，在工作时间要注意等级差别，即使你和他关系好，也不意味着对他没有敬畏和恭维。

羽飞是某化妆品公司的职员，她和上级有着共同的爱好，她们都追求时尚，喜欢同一牌子的化妆品，同类款式的服装，也都有个特殊的爱好，喜欢看漫画。两人自然有很多的共同语言，相处的时间也多了，由于都非常爱打扮，私下里羽飞称上级“大妲己”，而上级称羽飞“小妲己”。有一天，羽飞闯进上级的办公室大声地说“大妲己，今晚我有两张电影票，要不要去?”谁知上级的脸色立马变了，说了一句：“你风风火火像什么样子?”羽飞这才发现，沙发上坐了一位西装革履的绅士，原来他们正在谈业务。从那以后，上级对待羽飞的态度发生了大的改变，故意和她保持距离，两人的关系越来越冷淡了，羽飞也因此遭到同事们的冷嘲热讽。后来羽飞被调到市场部做统计，离开了这份自己十分喜欢的人事劳资的工作。

在称呼上级的时候，也要注意场合。实际上，在公司里，或者在正式的场合，对于公司的高级上级你要尊称他为×总。但是在下班之后，如果你跟上级的关系比较亲密，可以不用太忌讳语言的称呼，但是前提是要在私下的非正式场合。如果在公司里或者一些大的场合你还这样称呼自己的上级，那么不仅会让上级失去面子，而且有可能会遭到同事们的非议，这样，对你和上级都不利。

3. 升职快改口，降职慢半拍。遇到同事或者上级升职，应当在接到消息后的第一时间马上改口，用新的行政职务进行称呼，以表明自己的拥护与祝贺；反之在遇到有人降职时，最好暂且维持原定称谓，一般等对方自己提出更改叫法时再作调整。

4. 正在副也在，正去副转正。当“正总经理”在场时，一定要明确主副之分，在称谓上严格区别；当“正总经理”不在时，则学会隐去主副之分，统称“总经理”。具备这种变通的智慧在某些国有企业显得尤为重要。

5. 在称呼多位时，一定要从职位高的向职位低的逐一称呼，如：李总经理、张经理。

6. 公司中多位上级都在时，称呼的时候，一定要把每位上级的职位分开称呼，如：刘总、肖总、杨总。

7. 在称呼的时候，一定要面带微笑，眼睛直视（但不是死瞪）对方，表现要有礼貌。

赢得好感，从尊重上级开始

人与人之间的交往最基本的要求就是尊重，这也体现了一个人的修养。哲学家威廉·詹姆士说过：“潜藏在人们内心深处的最深层次的动力，是想被人承认、想受人尊重的欲望。”渴望受人喜爱、受人尊敬、受人崇拜，这是人类天生的本性。上级也是如此。作为组织的决策人和带头人，他们更需要下属的尊重和爱戴。因此，即使上级做错了，你也要尊重他，而不是攻击和责难。

尊重上级，就要维护上级的权威，要坚定不移地执行上级的正确决定，而不是不服气、不满意，凡事对着干；尊重上级，就要爱护上级的声誉，时刻注意维护上级的公众形象，而不是在当面顶撞抢白，背后说长道短；尊重上级，就要自觉而又有分寸地为上级献计献策，为上级排忧解难。而不是急于表现自己，以“我比上级强”为乐。

一天下班后，小李对好友大吐苦水说：公司有一个到北京学习业务知识的名额，根据条件的要求，在部门中唯有我够资格去参加，但是，部门主管宁可指标作废也不让我去，我很郁闷。好友问她：“你能给我评价一下你的部门主管吗?”小李滔滔不绝地说开了：我的主管是一个50多岁的老女人，业务水平和能力都很差，还管这管那……好友说：“我明白了，主管为什么宁可指标作废也不让你去？你一定在语言上或是行为上伤害了主管的自尊，或者因为你咄咄逼人的才华得罪了你的主管，所以被主管剥夺了参加会议的资格。”小李听后无语。

从上面这个事例中，我们暂且不论那位部门主管做得对与否，仅从小李本身来讲，就违背了下级应该服从上级的游戏规则。你要明白，尊重上级实际上是尊重他的职位。在一个组织或部门中，纵然有一些人比上级能力强，但是他处在这个上级岗位，你就应该尊重他，如果你总是在言谈中表现不屑的姿态，无疑就会吃到苦果。

尊重是最基本的礼仪。与上级说话的时候，一定要注意维护其身为管理阶层的权威，言谈之间让上级感觉到你的尊重。如果说话的时候体现不出自己的尊重，会让上级觉得你傲慢无礼，对你产生不好的印象。想赢得上级的信任和提拔也就不是很容易了。

尤丽在公司工作了四年多，也算是个老员工了。每当公司有新进员工，她都会格外照顾他们。最近，公司里新来了一个年轻女孩，尤丽待她特别亲厚，经常教授她一些专业知识不说，还经常和她聊天。一次，尤丽在那个女孩面前无心地评价了自己的上级几句，言外之意是觉得上级没有多大的能力，却还总是颐指气使。

第二天的晨会上，尤丽之前一个已经通过的工作计划却突然被上级取消了。尤丽心里非常生气：“怎么说取消就取消呢？这可是之前当着所有员工的面通过的事情啊!”她想顶撞上级几句，但还是忍住了。

晨会结束后，尤丽趁着上级单独待在办公室的时候，敲开了上级的门，耐着性子平静地问道：“您刚刚在晨会上宣布取消之前我做的那个工作计划，我有一点不解。我认为这个方案还是不错的，您能不能告诉我问题出在哪里?”

上级看了看尤丽："你是不是觉得工作了好几年，你的能力已经超过我了？"尤丽心中一惊，联想起自己前几天对新来的女员工说的话，马上就明白是有人在她背后告密了。她随即稳住心神："每个人都有自己的特长，在策划上我可能点子多一些，但是在组织管理上，我却没有您有能力！这就是为什么您是上级，我是下属。"

上级听了这话，表情缓和了许多，思考了一会儿，叮嘱尤丽说："你也不要天天只顾着工作，也要注意注意自己身边的同事。"尤丽心中舒了一口气，知道上级已经不生气了，赶紧说："谢谢上级对我的指导。那，这份工作计划……"上级说："还是按照你的办法去做吧，明天我会宣布你的策划案经过修改通过了。"

不尊重自己的上级，或者说冒犯上级的权威，实际上就是在和自己过不去。当你与上级相处时，才干和成绩只是提拔晋升中的某些因素，与上级的关系往往是决定的因素。

树立上级的权威，维护上级的形象，最主要的是下属要尊重上级，要打心眼里爱戴自己的上级。

有些下属在发现上级是平庸之辈时，便采取敷衍应付的态度，这样终究会影响双方关系和个人前途。因此，对拙劣的上级也应采取应有的尊重行为。

无论多么平庸的上级，终归是一个组织中的核心人物，维护他的权威和形象，实际上也就是维护了整个组织的凝聚力和整个组织的形象。你与他作对，就是拿自己的前途开玩笑。

袁瑛正在忙着核对客户资料，这时，上级过来问她："小王呢？"袁瑛随口答了一句："不知道。"上级被她的态度惹恼了："不知道？他就坐在你对面，你还不知道他在干什么？你还知道什么？"袁瑛也生了气："我两只眼睛都在材料上，哪有多余的眼睛关注别人在做什么啊？你要是想找他，直接打他的电话不就好了！"上级被气得满脸通红。一句话没说就走了。

之后，袁瑛和上级之间的气氛就一直不自然。后来，袁瑛被调到了下属分公司，她这才意识到对上级不尊敬的严重后果。

在工作中，身为下属最忌讳的就是当面冲撞上级，挑战权威。因此，不管你的上级平时多么平易近人，多么和蔼可亲，整天嘻嘻哈哈，但你也绝不可放松警惕。如果你有一次扫了他的面子，让他心里不舒服，总有一天他也会让你不舒服。每个上级都希望下属尊重、敬爱自己，因为只有这样，才有权威感和优越感。因而你在和上级相处时，牢记一个原则：除了尊重，还是尊重！这也是下属的基本准则。

当然，尊重不是无原则地讨好、献媚，奉承会让上级放松自律之念，滋生骄傲情绪，也会让整个集体弥漫着一股不正之风。当上级有这样或那样的不足时，要掌握分寸巧妙地提醒、善意地规劝。做一个好的下属，对上级应该是敬而不谀。

心怀感恩，向上级表示感谢

“谢谢”是一句致谢的礼貌语。每逢获得理解、得到帮助、承蒙关照、接受服务、受到礼遇之时，都应当立即向对方道一声“谢谢”。这样做，既是真诚地感激对方，又是一种对对方的积极肯定。

得到别人的帮助，一定要记得表达你的谢意。特别是上级对你的帮助。真诚地向上级表达你的谢意，是职场中的基本礼节。

本科毕业后，程丽在一家广告公司找到了工作。顶头上级张总隔三差五地找她聊天，亲切地询问她的工作情况。看到张总这么善意而真诚地对待自己，程丽对待工作特别认真，设计出来的作品别具风格。张总对程丽的优秀看在眼里，觉得她会对公司的发展起到一定的作用，于是对她的工作非常关心，在需要的时候也给予她一定的帮助，可以说对程丽关怀备至。一次，程丽要参加省内举办的广告设计大赛，张总得知后表示支持，还破例让她用经理办公室的电脑设计。程丽非常感激，便将设计草稿转移到张总的电脑里继续设计。两个星期过去，程丽的参赛设计广告终于完成，把所有工作做好以后，她就回家休息了。第二天下午，当她在家里看大赛电视直播时，参赛者中自己的作品获得了二等奖。镁光灯集中到自己的设计策划上，程丽非常开心，自己的付出总算得到了回报。

大家在公司为程丽举杯欢庆。程丽端起一只酒杯，然后当着众人面，说："这一切因为有张总的帮助，我才有了今天的成就，这里最有资格喝第一杯酒的应该是张总，谢谢您一直以来对我的帮助，这次能取得成功，也是因为有您的帮助，否则的话我可能也不会成功。"

无论你在哪一家公司工作，如果你能够对帮助和指导过你的上级说一声"谢谢"，他一定会在心里觉得你是个懂得感恩的人，这会有助于拉近你和上级之间的距离。反过来说，如果上级对你提供了帮助和指导，你却从未对他表达谢意，上级在心里会觉得你是个不懂得人情世故的人，有可能就会因此慢慢疏远你了。

向上级表示你的感谢是一个积极有意义的举动。从你那里得到过感谢的上级，会希望将来再次受到你的感谢和肯定，因为他看到自己对你的帮助能够被你认识和赞赏。你的衷心感谢也会换来真心回报，日后，上级往往也会乐意帮助你的。

有一位以乐于助人见称的董事长。一天有位职员向他报告自己结婚的事，董事长听了之后非常高兴，马上热情地把自己一位从事房地产经营的朋友介绍给他，结果，那位职员不久便顺利地找到一幢价格不高，又特别合适的公寓作为新房。他在心里很感谢董事长的帮助。

在搬进新公寓的第二天，这位职员前往董事长的办公室想向他道谢。谁知，等见了董事长却支支吾吾了半天，怎么也说不出"谢谢"两个字来，最后好不容易才勉强说出"前几天麻烦你，真是抱歉"之后，便急急忙忙地退出办公室。

这个职员的这种表现，让董事长感到非常沮丧，甚至认为自己这份热心有点多余。那位职员期期艾艾不敢吐露本意，说不出"谢谢"来，不是因为他不想表达自己的谢意，而是因为面对董事长时过于紧张，脸皮儿太薄，没法表达自己的谢意。可是，这件事情之后，董事长对他的印象想必不会好了。

对上级说"谢谢"时，切勿不好意思，以极小的声音说。因为这么一来，上级会以为：他为你做的事是不值得感谢的，你只是在情面上敷衍他，随口说一声谢谢而已，这样也就达不到拉近你和上级之间距离的目的了。因而，当你想"谢谢"上级时，必须清晰愉快地说出来。

对帮助过你的上级表示感谢，会让上级很受用，从而拉近你和上级之间的距离。不过，我们在表达这种“谢谢”的时候，感情应该是发自内心的。要做到这一点，需要注意：

1. **要诚心诚意**

对上级说“谢”字必须是诚心诚意，并要让上级感觉到这一点。一定要记住：表达你的感激不是什么表面文章，而是你真的需要感激。这种感激应当是来自你内心的。所以，你表达自己的感激之情的时候，一定要真诚。

2. **要直视对方**

专家说，在互相注视的时候，交流通常比较容易进行。所以，表达你的感激的时候，最好是专注地注视对方，这样你的话才显得是出于真心，你的感情才显得真挚。

3. **要有具体所指**

在对上级说谢谢的时候，一定要具体说出上级在哪一方面帮助了你。如：“我真的非常感谢您为我介绍了不少客户。”

4. **表达要自然**

表达你的感激之情的时候，一定要使你的话清晰而自然，不要吞吞吐吐，含糊其词，那样会给对方做作的感觉。你需要表达你的感激的时候，一定是别人做了对你有帮助的事，你是受益者，所以你的感情应当是充满快乐的。

总之，当上级给予你帮助之后，千万不要吝惜“谢谢”这两个最温馨的字眼，从心底说出来，这种温馨便会印刻在上级的心底，从而起到促进沟通、拉近距离的作用。

技巧⑧

巧妙进言，说服上级改变初衷

在日常的工作和生活中，我们常常希望把自己的观点想法思路准确有效地传达给某些人，并且需要对方能够接受我们的意见或建议，然后付诸实施，这个过程就是说服。说服是一门很高超的技术。苏联教育家加里宁说："说服的内容，从技巧不同的人嘴里说出，得到的效果是完全不同的。"所以在与上级的沟通过程中，只有找到说服的关键，把握上下级关系的特殊性，采取得体的口气、恰当的方式和技巧，讲究说服的艺术，才能收到良好的效果。

巧妙地提建议，让上级欣然接受

下属有错误，上级或委婉批评，或当面指出，都是天经地义的事，员工也不会有很大意见；可是当上级犯错了，下属又该如何对待？是好心好意指出来？还是装作没看见，不理不睬？众多职场人士为此头疼不已……

小王、小黄和小李是大学同学，毕业后，三个人同时应聘一家大公司的市场部，听命于同一位老板。三人工作能力和表现都不错，两年以后都成了部门骨干。可是三个人在工作风格上有一个最大的不同，那就是当上级的决策出现问题时，小王就会视若罔闻，采取隔岸观火的态度。而小黄往往会直言不讳地当着众人的面向上级指出来。如果上级安排的事情有明显的错误，小黄甚至会顶着不办。小李则完全不同，当他觉得上级的决策有问题的时候，他会先私下给上级写一封邮件，表明自己的想法和担心。如果上级坚持，他也能认真去实施，尽量完成上级的想法。即使失败，他也主动承担自己那部分责任，从来不在众人面前抱怨上级。3 年过去了，上级升职在即，选接班人时，他毫不犹豫地选择了小李。

由此可以看出，在工作中，给上级提出有效意见是十分必要的。但对于上级来说，他又有他的自尊和权威，绝不容外人任意侵犯。即使他错了，也绝不容他的下属使他面子扫地。所以，向上级提建议时一定要把握分寸，不可鲁莽。

怎样才能使自己的观点让上级欣然接受呢？我们不妨运用以下几种提建议的方式。

1. 先肯定，后否定

提建议之前，你最好先以表扬铺路，这符合人们自尊自重的心理特征。因为即使非常大度的上级也不愿意被人指责做错了事。

在某公司的一次例行会议上，小刘对经理关于质量问题的处理不是很满意。在经理征求大家意见的时候，小刘说："经理说得对，在产品质量方面，我们的确应当给予充分的重视，这是解决问题的前提之一。我认为，除此之外，我们还应当加强全体员工的质量意识。现在我观察到公司员工的质量意识并不强，工作中有疏忽大意的倾向，这股风气必须刹住，否则质量问题是很难得到彻底解决的。”

“我想，如果我们对各级员工都进行质量意识培训，员工看到公司上层如此重视，自然也就重视起来了。如果真能这么做的话，解决这个问题是不费吹灰之力的，公司也能以更快的速度发展。”

听了这番话，经理不断点头，采纳了小刘的意见，并对他的这种敢于提意见的行为给予了肯定。

我们可以看出，要给上级提意见，就要抓住上级意见中的某一处被你所认同的地方，并大加肯定和赞赏。而后，提出相反的意见，这时候，你的意见往往可以被接受。因为你一开始就肯定了上级的意见的某一处价值，就已经打开了进入上级脑中意见库的大门。

2. 用委婉的方式提出建议

有些人在给上级提意见时，直言直语，一针见血地指出上级的错误，尽管出发点是好的，但其杀伤力很强，很容易让上级下不来台。如果可以用婉转一点的方式提醒，其效果远远好于直言直语。

韩昭侯平时说话不大注意，往往在无意间将一些重大的机密泄露了出去，使得大臣们周密的计划不能实施。大家对此很伤脑筋，却又不好直言相告。

一位叫堂豁公的聪明人，自告奋勇到韩昭侯那里去，对韩昭侯说：“假如这里有一只玉做的酒器，价值千金，它的中间是空的，没有底，它能盛水吗?”韩昭侯说：“不能盛水。”堂豁公又说：“有一只瓦罐子，很不值钱，但它不漏，你看，它能盛酒吗?”韩昭侯说：“可以。”

于是，堂豁公因势利导，接着说：“这就是了。一个瓦罐子，虽然值不了几文钱，非常卑贱，但因为它不漏，却可以用来装酒；而一个玉做的酒器，尽管它十分贵重，但由于它空而无底，因此连水都不能装，更不用说人们会将可口的饮料倒进里面去了。人也是一样，作为一个地位至尊、举止至重的国君，如果经常泄露臣下商讨的有关国家的机密的话，那么他就好像一件没有底的玉器，即使是再有才干的人，如果他的机密总是被泄露出去了，那他的计划就无法实施，因此就不能施展他的才干和谋略了。”

一番话说得韩昭侯恍然大悟，他连连点头说道：“你的话真对，你的话真对。”

从此以后，凡是要采取重要措施，大臣们在一起密谋策划的计划、方案，韩昭侯都小心对待，慎之又慎，连晚上睡觉都是独自一人，因为他担心自己在熟睡中说梦话时把计划和策略泄露给别人听见，以至于误了国家大事。

故事中的堂豁公是一个善于说话的人，能从日常生活中的小事引出治国安邦的大道理，委婉地批评当权者，让上级欣然接受，而不是直接指出来，这是值得我们学习的。

3. 站在对方的立场去说服

如果你想要说服他人，最好的办法就是替他人着想，让他人从中受益。

一个家庭主妇在自家的院子里养了许多鸡，她的邻居是个猎户，院子里养了一群凶猛的猎狗。这些猎狗经常跳过栅栏，袭击牧场里的鸡，这个家庭主妇曾多次请猎户把狗关好，但猎户却不以为然。后来，她想了个办法，她在自己鸡群里挑选了三只可爱的小鸡，分别送给猎户的三个儿子。看到可爱的小鸡，孩子们如获至宝，每天放学后都要在院子里同小鸡玩耍嬉戏。因为怕猎狗伤害儿子们的小鸡，猎户便做了个大铁笼，把猎狗牢牢地锁了起来。从此，这个家庭主妇的鸡群再也没有受到侵害。

在彼此观点存在分歧的时候，你也许曾试图通过说服来解决问题，结果却往往发现遇到了前所未有的困难。其实，导致说服不能生效的原因并不是我们没把道理讲清楚，而是由于劝说者与被劝说者固执地据守在各自的立场之上，不替对方着想。如果换个位置，被劝说者也许就不会“拒绝”劝说者，劝说和沟通就会容易多了。

抓住关键点，一语中的说服上级

说服上级是一门技术，也是一门艺术。说服固然要以正确的思想为前提，但技巧也是极其重要的。在说服上级时，如果不注意语言的技巧，一味地反复说理，只会引起上级的反感。这时，你不妨先理清思路，找到你的说服关键，在说服上级的过程中用简洁有力的语言向上级陈述你的观点，一语中的地让上级明白你的话语，从而达到成功说服上级的目的。

汉代著名丞相萧何有一次向汉高祖刘邦请求将上林苑中的大片空地让给老百姓耕种。上林苑是一处为皇帝游玩嬉戏、打猎消遣的大片园林。

刘邦一听萧丞相居然要缩减自己的园林，不禁勃然大怒，认为萧何一定是接受了老百姓的大量钱财，才这样为他们说话办事的。于是萧何被捕入狱，同时被审查治罪。当时的法官廷尉为讨好皇上，只要皇上认定某人有罪，廷尉不惜用大刑使犯人服罪。

就在这紧要关头，旁边的一位姓王的侍卫官上前劝告刘邦说："陛下还记得原来与项羽抗争以及后来铲除叛军的时候吗？那几年，皇上在外亲自带兵讨伐，只有丞相一个人驻守关中，关中的百姓非常拥戴丞相。假如丞相稍有利己之心，那么关中之地就不是陛下的了。您认为，丞相会在一个可谋大利而不谋的情况下，去贪百姓和商人的一点小利吗？"

简单几句话，句句击中要害。刘邦深有感触，终于认识到自己的鲁莽，对不起丞相的一片诚心，感到非常惭愧。于是当天便下令赦免萧何。

当上级的意见与自己意见相左时，最重要的事是清楚知道上级的立场，也就是在说服上级之前，必须先清楚知道他与自己意见相左的关键点何在。如果抓不住要领，泛泛而谈，这样的说服连自己都没法信服，更不用说去说服上级了。当你自己都抓不住说话的关键时，只会引起上级的反感。所以，说话抓住关键，一语中的，分析入情入理，才能为你的说服增加有力的筹码。

《左传》上记载有这样一件事：

晋灵公为了享受，大兴土木，建造九层高台，搞得怨声载道。不少大臣直言谏阻，晋灵公不但不听，还张弓搭箭，扬言谁再对此事多言就射死谁。许多人都被他给吓住了。这时，大臣荀息走过来，笑着对晋灵公说："我愿为大王表演一个小技艺，把12个棋子堆起来，我还能在上面放9个鸡蛋。"晋灵公一听，觉得很惊奇，就放下弓箭，来看荀息的表演。当看到荀息果真把棋子摆起来，又往上面放鸡蛋时，晋灵公十分紧张，不自禁地连声说："危险！危险！"听了这话，荀息不动声色地说：这还算不了什么，还有比这更危险的呢！"晋灵公听到这话，好奇心更盛，连忙催荀息表演给他看。荀息一见时机成熟，便向晋灵公说道："这九层高台修了三年还没造成，现在地无人耕，布无人织，国库空虚，一旦外敌入侵，国家很快就要灭亡！大王，还有比这更危险的事吗?"这一番话，说得晋灵公恍然大悟，于是下令停止修造高台。

说服他人并不在于你滔滔不绝，说了多少话，而要看能不能说到点子上，只要一针见血，就能立竿见影，使人口服心服。

语言具有无穷的威力，关键就在于人们是否会使用好它。在对上级进行说服时，只有充分掌握事实，了解了相关情况，抓住要害，开门见山，一语中的，这样，才能成功说服上级。

汉代的另一位开国元勋周勃，曾经帮助汉室铲除吕后爪牙，迎立汉文帝，有定国安邦的大功。可后来当他罢相回到自己的封地后，一些素来忌恨周勃的奸伪小人便趁机向汉文帝诬告周勃图谋造反。

汉文帝竟然也相信起来，急忙下令廷尉将周勃逮捕下狱，追查治罪。按汉代当时的法律，凡是图谋造反者，不但本人要处死，而且要灭家诛族。

就在周勃大祸临头的时候，薄太后出来劝文帝说："皇上，周勃谋反的最佳时机是您未即位时而先皇留给你的皇帝玉玺在他手上，并且统率主力部队北军的时候，但是他一心忠于汉室，帮助汉室消灭了企图篡权的吕氏势力，把玉玺交给陛下。现在罢相回到自己的小封国里居住，怎么反而在这个时候想起谋反呢?"

听了这话，文帝所有的疑虑都没了，并立即下令赦免了周勃。

在紧要关头，薄太后站出来并成功地劝服了文帝，就在于她懂得在劝说中抓住关键，一语中的地说到文帝的心里，让文帝清醒地意识到问题的所在。

对于善于运用说服技巧的人来说，不是与对方不停地周旋，而是抓住关键，一语中的。这一点如果发挥得淋漓尽致，可以将对方一举说服。

在说服的过程中，要掌握以下几点：

1. **要针对性强**。这是说一定要找准说服对象的思想症结，对症下药，说到点子上，才能产生显著的说服效果。

2. **要直中要害**。这是指说服语言应语句短促，语意明确，语气恳切，旗帜鲜明，一针见血，有响鼓重槌之妙。

3. **要有震撼力**。通常指涉及重大原则和立场，特别是对方切身利益等问题的话，一出口必定能给对方重重一击，震撼对方的心灵，促其权衡掂量，分析利弊，最终取其利而从之，作出正确的选择，产生豁然开朗的效果。

说服的时候，一定要考虑上级的感受

在职场中，我们时常会遇到需要说服上级的情况。再开明的上级，其内心也是不喜欢过于直白的建议和批评的，因为这直接使他的权力受到了威胁。即便他有时接受了你的直言相劝，并获得了显著成果，但他赞赏的却是你的意见和建议本身，而不是你自身。

过于直接的批评方式，往往会使上级觉得脸上无光，威信扫地。这种方式使得问题与问题、人与人面对面地站到了一起，除了正视彼此以外，已没有任何回旋余地，而且，这种方式是最容易形成心理上的不安全感和对立情绪。如果遇到固执、跋扈的上级，非但你的建议会石沉大海，甚至连你这个人也可能一同下岗。所以，当你在为上级提建议时，一定要学会变通，讲究技巧，因人而异。

楚庄王酷爱养马，把那些最心爱的马，都披上华丽的绸缎，养在金碧辉煌的厅堂里，睡清凉的席床，吃美味的枣肉。

有一匹马因为长得太肥而死了。楚王命令全体大臣致哀，准备用棺椁装殓，一切排场按大夫的葬礼隆重举行。左右大臣纷纷劝谏他不要这样搞，楚王非但不听，还下了一道通令："敢为葬马向我劝谏的，一律杀头。"

优孟听说了，闯进王宫就号啕大哭。楚庄王吃惊地问他为什么哭，优孟回答："那匹死了的马啊，是大王最心爱的。像楚国这样一个堂堂大国，却只用一个大夫的葬礼来办马的丧事，未免太不像话。应使用国王的葬礼才对啊！"

楚王说："照你看来，应该怎样呢？"

优孟回答："我看应该用白玉做棺材，用红木做外椁，调遣大批士兵来挖个大坟坑，发动全城男女老幼来挑土。出丧那天，要齐国、赵国的使节在前面敲锣开道，让韩国、魏国的使节在后面摇幡招魂。建造一座祠堂，长年供奉它的牌位，还要追封它一个万户侯的谥号。这样，就可以让天下人都知道，原来大王把人看得很轻贱，而把马看得最贵重。"

楚王这时终于恍然大悟，知道这是优孟在含蓄地批评他，便说："我的过错就这样大吗？好吧，那你说现在应该怎么办呢？"

优孟答道："事情好办，依臣之见，用灶头为椁，铜锅为棺，放些花椒桂皮，生姜大蒜，把马肉炖得香喷喷的，让大家饱餐一顿，把它葬到人的肚子里。"

每个上级都希望下属尊重自己，因为只有这样，他才有权威感和优越感。因而在说服的过程中，要考虑上级的感受，多给上级留面子。委婉地表达反对性意见，可避免直接的冲撞，减少摩擦，使上级更愿意考虑你的观点，而不被情绪所左右。

齐景公有一匹爱马，他将这匹马托付给一位养马人好生照料，不料这匹马突然死了。齐景公就怪罪于养马人，命人将养马人肢解。晏子见状急忙上前阻止，他问齐景公："大王知道尧、舜二主肢解罪人的时候，是从身体的哪一个部位开始的吗？"

尧、舜都是圣明的君主，并不曾对罪人施以肢解的刑罚。齐景公明白晏子话里的意思，于是下令将养马人交给狱官处置。

晏子知道将养马人交给狱官处置同样有性命之忧，于是又对齐景公说："大王，可怜的养马人还不知道自己的罪过就要受处罚了，让微臣来历数他的罪过，然后再转交狱官处置吧，好让他死得明白。"

齐景公答应了晏子的请求。晏子就数落养马人说："你犯了三宗大罪，按理说应该判你死刑的。第一，大王让你养马，你却把马养死了；第二，你养死的是大王最爱的马；第三，因为你的过错，让大王为一匹马而去杀人，天下百姓要是知道了这个缘故，肯定会怪大王生性残暴，因此怨恨大王，这样大王就失去了民心，国家也将不保了。有这三条罪状，你是死罪难免了，就把你交给狱官处置吧。"

齐景公听了晏子的话幡然醒悟，急忙说："还是将他放了吧，免得坏了我的名声。"

想象一下，如果晏子一开始，就直接指出齐景公的错误，景公肯定会不高兴，后果反而会更糟。所以，他采用了一种迂回的方式，把本是批评的话用赞扬的方式说出来，不但合情合理，而且揭露了事物的内在矛盾。齐景公意识到了自己的错误，心生愧疚，认错自然不是难事。

在说服上级的过程中，我们必须事先考虑上级的面子和尊严。也就是把面子与上级的能力、水平、权威性密切挂钩。一般来说，要以一种能让上级更容易接受的方式来说明自己的想法，语气要温和，言辞要中肯，重要的是有分析、有根据，条理清晰。你一定要清楚，上级是要面子的，有些话直接说出来不但让上级接受不了，也会给自己招来麻烦。所以，给上级提意见时，要尽量绕弯子地让上级明白，这样才不会招致上级的不满。

给上级提意见时，将意见转化为建议

职场上有一句经验之谈：永远不要向你的上级提意见！这基于一种简单的逻辑，即：一般人都不爱听反对自己的话。但人们都有向往好事物的一面，所以不妨在适当的时候向你的上级提几点"建议"，不仅包括了你所要提出的意见，而且指出了解决问题的方案。

在提建议时不仅不能伤害上级的自尊心，而且还不能剥夺上级的选择权。如果你总是强调自己的意见或想法的话，就很容易让上级产生反感。比如，你对上级说"我这个提议就应该通过！"即使你这是个不错的建议，上级也很难接受。如果你换一种说法：“就这个问题我想了很久，觉得可行性比较大，经理，你觉得如何?”由于你表现出非常尊重上级的意思，那不仅上级接受起来很容易，而且也容易与上级建立起互信的关系。

马林是个初入职场的年轻人，作为公司经理的秘书，他经常替经理起草一些文件。

一天，经理把马林叫进了办公室，亲切地对他说：“马秘书，你起草一个公司关于迟到早退的奖惩办法，结合之前的方案，再适当补充一些，明天中午拿给我看。”

马林轻松地应道：“经理，您放心，我会好好写的。”

回到办公室，马林搜索公司之前对迟到早退的奖惩条例，他发现其中好多条例的奖罚都不是很分明，而且他发现其中多是惩罚的条款，而奖励的条款很少，而且在奖惩幅度上，惩罚的力度明显比奖励的要大得多。

看到这里，马林激动地跑到经理的办公室，高声对他说：“经理，我发现以前的条例存在好多问题，我觉得应该把原有的版本全部推翻，再由我来重新起草一份……”

马林的话还没说完，他就发现经理的脸色变了，经理冷冷地说：“是吗?没想到你还这么有见解。我现在忙得很，你先出去吧。”

马林一看形势不对，只好从经理的办公室退了出来。他百思不得其解，明明自己是为了公司好，想要好好完善公司的条例制度，为什么经理却有这么反常的反应呢?一旁的同事看到马林一脸的不解，只好告诉他：“马林，这条例之前是经理亲自起草的，你不应该直接说条例存在很多问题。即使你对条例有再好的意见，也要先征求经理的想法，而不是贸然提出自己的意见……”

听到这里，马林恍然大悟。第二天，马林拿着调整好的条例去和经理沟通。马林谦逊地说：“经理，我是在您原来的基础上作的调整，您原来起草的条例已经挺好的了，但为了使公司的制度更加完善，我建议对条例再作一些小修改，比如说适当调整奖惩的比例，您觉得可以吗?”

经理看到马林提的建议很中肯，态度也很谦逊，因而很高兴地说：“马秘书，你的提议不错，你就按这个来起草吧。”马林的建议终于被经理采纳了。

从上面的事例，我们可以得到很好的启发：将“意见”转化为“建议”，的确不失为向上级提意见的上等策略。首先，它是站在上级的立场上，最终是为了维护上级的权威，出发点是善意的；其次，这种策略是一种温和的方式，能够充分照顾到上级的自尊，易于被上级接受，效率较高。

将“意见”转化为“建议”是建立起良好的上下级关系的一个重要途径，但有一个重要的前提，那就是不能伤害上级的自尊心。如果你想把自己的一些想法付诸实施，不仅要向上级报告，而且要变成具体如何实施的“建议”。

美国第28任总统伍德罗·威尔逊，恃才傲物，对别人的意见根本瞧不起，要么不采纳，要么不理会。但他的顾问霍士却最得其信任，霍士的屡屡进言也常被采纳。后来霍士做了副总统，他自述说：“我认识总统之后，发现了一个让他接受我的建议的最好办法，我先把计划偶然地透露给他，使他自己感兴趣。”霍士不但使威尔逊自信这种思想是自己的，后来他还牺牲了自己许多伟大的计划，让给威尔逊来获得民众的拥戴。

那么，霍士是怎样把计划移植到威尔逊心中的呢？他常常走进总统办公室，以一种请教的口吻提出建议：“总统先生，不知道这个想法是否……您觉得这样做还有什么不妥吗……我们是不是这样……”就这样，霍士把自己的思想不露痕迹地灌入威尔逊的大脑，使他从自己的角度考虑这些计划，加以完善并付诸实施。

上级一般都不喜欢听意见，只喜欢听建议，聪明的下属，要学会巧妙地将“意见”转化为“建议”。没有那个上级喜欢经常提意见和问题的下属，但是没有那个上级不喜欢能够积极给公司提出有效的建设性意见帮助上级和公司改善管理的下属。所以，把意见和问题转化成建议就会成为与上级沟通的重要法则。

建议有各种各样的类型，作为有代表性的类型，主要有如下几种：

1. “……您觉得怎么样？”一般性的建议

2. “……这样不行吧？”引导上级说“是”的建议

3. “A和B，还有C三种方案，您看哪个合适？”让上级从选项中挑选的建议

4. “您考虑其他什么样的方案？”增加选项的建议

5. “……也有这样的方案，您觉得怎么样？”改变角度的建议

6. “……关于某某方案，您的意见如何？”征求意见的建议

建议的类型不只以上几种。如果能根据实际状况有效地灵活运用，那将大大提高沟通的效果，增加与上级的互信。

先赞美，后指出上级的不足

每个人都喜欢听赞美的话，大多数人都不喜欢被批评尤其是当众批评，更何况是上级呢？那么，如果你的上级真的有错，如何才能让他既接受你的意见，又能保全你自己呢？最好的办法是先对上级进行赞美，然后再指出不足之处。

某公司以制度森严著称，公司内禁止裙带关系，因此所有的员工都要靠正常的渠道通过了笔试、面试才能录用。

但这天，经理却给人事处的周涛出了个难题。

经理：“周涛，新一期的校园招聘已经开始了吧。我有个表弟今年刚大学毕业，正想来我们公司发展。到时候我让他来跟你打个招呼，你就通融一下吧。”

周涛听了这番话，心中一沉，一时不知该如何回答。如果断然拒绝，自己以后在公司的日子肯定不好过；可是给经理开了后门，一旦被查出来，可能自己的饭碗就不保了。

思索片刻后，周涛诚恳地说：“经理，我们公司的制度之所以比其他的公司完善，得益于您和其他上级的共同制定呀。要不然我们公司这几年的发展也不会这么井然有序，其中您的功劳最大了。我相信您也很愿意去以身作则的。再说，像您这么优秀的上级，您的表弟肯定能力也不差，您让他按我们公司正常的程序来应聘肯定没问题的。”

经理一听，知道周涛也是出于维护制度的需要，而且周涛在劝说中不忘夸奖一番，经理听了自然很受用，因而只好对周涛说：“周涛，你说得很有道理，就按你说的，让我表弟到时候来公司应聘吧。”

本来经理以为在这件事情上只要跟周涛打声招呼就可以了，没想到最后却被周涛说服，自动放弃了不合理的请求。在这里，周涛用的就是赞美的技巧，先用恭维的话，满足了经理的心理，终拒他于无形之中。

在说服别人接受你的观点的时候，先赞美一下对方，再表达自己的观点，就很容易被对方接受。因为当我们听到他人对自己的优点加以称赞后，再去听一些不愉快的话，自然会比遭受直接批评感觉舒服一些。

在一次市场营销会议上，经理草率地决定了保健品的社区宣传推广计划，引起了很多人的质疑。这么重要的产品推广计划，怎么能在不作市场调研的情况下就草率决定了呢？于波耐不住自己的急性子，当面就提出了反对意见。

“经理，你的决定太草率了，我觉得还是应该先作调研，再作决定。”

“草率？”这个字眼似乎狠狠地刺激了经理，他刻意把它提了出来。“做事情就得有魄力，等你什么都调查好了，黄花菜都凉了。”

于波碰了一鼻子灰。

事后，经理确实没有实施原本定下的产品推广方案，而是转而进行市场调研。可是，奇怪的是原本由于波负责的调研工作，经理却全权交给了市场部的王洋。

原来，对于经理的决定，王洋与于波有着相同的看法。但与于波不同的是，王洋并没有直接指出经理的不对，而是私下里对经理说：“我非常佩服您一贯果断的工作作风。但是，咱们这款保健品属于高档产品，而周围的居民区都是一些工薪阶层的老百姓，就怕咱们费了功夫而成效不佳呀。”

经理觉得王洋的意见提得非常有道理，于是决定采纳，并且把调查工作交给了王洋。

同样是希望经理改变决定，于波直击要害，指出经理行事“草率”。这种批评方式首先会让人感到不被尊重。而王洋则完全不同，他以赞美的话语作为批评的开端。这种批评的总体基调是让被批评者感到在人格上是被肯定被尊重的，只是在具体问题上看法的不同而已。于是，上级会感觉有可商量可讨论的空间，对来自王洋的意见也自然容易接受。

在说服上级的过程中，有的人会抓住问题，开门见山地说出上级所犯的错误。不过，批评就像一把利剑，可以救人，也可以杀人。当你随便拿起这把“剑”直接去“救”你的上级时，也最容易把上级刺伤。导致你十有八九加薪无望、升职无门。但如果你能巧妙地提出建议，比如在准备指出上级对一项工作考虑得不够周密或者有失误的时候，别急着全盘否定上级的意思，而要先找到可以肯定的“点”进行赞美，然后再指出问题的要点所在，这样上级就不会感到没面子，也乐于听取你的建议。

美国一家贸易公司的经理设计了一个商标，开会征求各部门的意见。经理报告说：“这个商标的主题是旭日。象征希望和光明，同时，这个旭日很像日本的国旗，日本人看了一定会购买我们的产品。”

然后他征求各部门主任的意见，营业主任和广告主任都极力恭维经理构思的高明。最后轮到代理出口部主任的青年职员发表意见，他说：

“我不同意这个商标”，全室的人都瞪大了眼睛看着他。

“怎么？你不喜欢这个设计？”经理吃惊地问他。

“我是不喜欢这个商标，”青年人直率地回答。其实从艺术的观点来说，这位青年人的确是有点讨厌那个红圈圈，他明白，和经理辩论审美观是收不到什么效果的，所以他只是说：

“我恐怕它太好了。”

经理笑了起来，说：“这倒使我不懂了，你解释一下看看。”

“这个设计鲜明而生动自然是毫无疑问的，因为与日本的国旗相似，无论哪个日本人都会喜欢的。”

“是啊，我的意思正是如此，这我刚才已经说过了。”经理有些不耐烦地说。

“然而，我们在远东还有一个重要市场，那就是华人社会，包括中国大陆、香港地区以及东南亚国家，这些国家和地区的人们看到这个商标，也会想到日本的国旗。尽管日本人喜欢这个商标，但是由于历史的原因，这些国家和地区的人们就不一定喜欢，甚至可能产生反感。这就是说，他们不愿意买我们的产品，这不是因小失大了吗？”

“天哪！我怎么没有想到这一点，你的意见对极了！”经理几乎叫了起来。

上述例子中，那位青年用“我恐怕它太好了”这样的恭维话，先满足了经理的自尊心，同时也不会使他产生不悦。然后，再陈述充分的理由，经理也就不会因此而觉得难堪了。

每个上级都需要真诚的赞美，也需要善意的批评。所以，要想让对方接受你的批评，改正过失，就必须在批评前先给予对方适当的赞美，然后再给他以批评，这样才会让听者感到你是为他着想，或者感到合情合理，这样才更有利于对方改正自己的缺点和不足。

巧妙牵引，让对方说出你想说的话

说服他人，尤其是高高在上的上级、有权势者，必须因势利导、循循善诱，因为他们一般有心理优势，不会轻易采纳他人的建议。如果讲究说话策略，通过诱导，最后让对方自己说出我们想说的话，那么这就是向他人建议的较高境界。

后汉隐帝害怕郭威会危及自己的皇位，派使臣去杀郭威。郭威向魏仁浦求助，魏仁浦说："您一向清白且为世人称颂，现在又握有重兵，据守重镇，被小人诬陷是免不了的。难道你想坐着等死吗?"郭威说："想当年，我和杨邻跟随先帝夺取天下，保家卫国，如今他们已经死了，我还有什么心思独自活着!"魏仁浦说："如今皇上昏庸，你就这么死了，别人还以为你真的有罪呢，岂不是葬送了你一世英名？你不替手下这帮为您卖命的将士想想吗？不为天下的百姓想想吗?"郭威拍案而起："昏君当道，百姓遭殃，正是我等建功立业的天赐良机，有了你等的辅助，大事可成!"郭威于是起兵造反，建立了后周。

听说后汉隐帝命令使臣杀郭威，魏仁浦有心劝说郭威推翻昏君、成就大业，于是他先是称赞郭威的人品和功绩，接着向其晓以利害关系，郭威权衡之后，认为束手待毙不但使自己一生的功绩遭到埋没和误解，更会因此让将士和百姓陷入苦难。魏仁浦巧妙牵引，最终借助郭威的嘴，说出自己想说的话。

与其滔滔不绝地说服他人，不如将自己想说出来的话灌输给别人。说话时，巧妙牵引，给对方一个铺垫，一点启示，一条线索，对方自然会理解你的想法，说出你想要说的话。

明朝的著名大臣海瑞为官清正，不畏权势，敢于“为民请命”。在明朝嘉靖年间，全国赋税繁重，民不聊生，连中小地主也纷纷破产，天下将不太平。当时，嘉靖皇帝又十分迷信道教，根本不理朝政，还很厌恶进谏，因此，朝中大臣个个都明哲保身，没有一个敢向皇帝进言半句。

海瑞心中装着天下黎民百姓，看到情况非常焦急，他想向皇帝进谏，劝皇上减半赋税，以安抚百姓，防止“乱民”暴动，但又怕弄不好惹得皇帝动怒，自己遭到斥责事小，老百姓也跟着遭殃可就麻烦了。因此，他思来想去，终于想出一条妙计。嘉靖皇帝喜欢下棋，海瑞的棋下得也很好，因此嘉靖皇帝常常叫他到宫中陪自己下棋。海瑞便想利用下棋的机会向皇上进言。

有一天，海瑞又陪嘉靖皇帝下棋。他心中惦记着民间的疾苦，哪有心思下棋，没走几步，就处于劣势。“将军！”嘉靖皇帝得意地喊道。海瑞这才注意到自己的棋局不妙，他力挽被动局面，很快地又占了上风。轮到海瑞“将军”了，他突然灵机一动，叫道：“‘将军’天下钱粮减三分！”嘉靖皇帝不明白他是什么意思，只管注意自己的棋子。过了一会儿海瑞又找到机会“将军”了，这一回，他又一板一眼地说道：“‘将军’天下钱粮减三分！”

这一次，嘉靖皇帝听清楚了，但仍然不明白他这句没头没脑的话是什么意思，只是觉得挺有趣的，念起来也十分顺口。所以，等到嘉靖皇帝“将军”的时候，他也学着海瑞的腔调高声叫道：“‘将军’，天下钱粮减三分。”嘉靖皇帝话音未落，只见海瑞连忙弃棋离席，趴在地上，说：“微臣领旨。”嘉靖皇帝顿时丈二和尚摸不着头脑，连忙问海瑞：“你领什么旨呀？这是怎么回事？”海瑞严肃地回答道：“万岁刚才不是说，天下钱粮减三分么？臣一定尽力照办。”在那个时代皇帝可是金口玉言，只要皇帝一开口，那就是圣旨，就得照办。嘉靖皇帝一听海瑞这么说，哭笑不得，只得下令减轻全国的赋税。海瑞心里说，这回天下百姓算是有救了。

在日常工作和生活中，有些话直接对别人说不能达到应有的效果，或者是不便自己张口说的时候，不妨动动脑筋，想个办法让对方主动说出来。当然，这个方法一定要方法恰当、手法高明才能奏效。

掌握技巧，有效地给上级提建议

在职场中，我们常常需要向上级表达出自己对所从事的工作的一些看法和提出一些对工作或业务发展的建议。有些下属在表达自己的看法或者建议的时候，常常因为在语言的表述上有失当之处，让上级对自己颇有微词，从而致使自己的一些看法或建议不容易被上级认可，更严重的话，还有可能使上级对自己产生一些偏见，使自己在单位中的处境变得不乐观起来。其实，对上级提意见是一件极需要技巧的事情。

“天啊！”放下电话，袁涛的头都快炸了。明明是主编拍板在出版流程中定下的文章，如今杂志即将印刷，他却出尔反尔。最让袁涛受不了的是，主编竟然质问，“这样的文章怎么能刊登呢？”

袁涛心里窝足了火，倘若耽误了出版周期，岂不又要在自己头上记上一笔？她气冲冲地跑进主编办公室，将审过的稿子摊在主编面前：“这稿子不是您审过的吗？怎么说撤就撤。耽误了出版算谁的？”

主编惊讶地望着袁涛，脸上的笑容一下子僵硬，继而变得阴沉。

“难道你没有责任吗？这篇文章有严重的逻辑错误，你作为编辑部主任没看出来吗？不用说了，这事我来处理吧。”主编的脸依然拉得长长的。

事后，袁涛觉得一向和蔼的主编对她似乎冷淡了许多，最为明显的是，本来定好了由袁涛到上海出差的任务，主编也找各种理由派给了另外一个编辑。

袁涛心里暗自叫苦，真是一失足便闯了大祸。

在职场上，为了把工作做得更好，与上级沟通、给上级提意见是非常必要的，但要掌握一定的技巧，否则就可能引火烧身。这是因为反面意见常常说明了上级的缺点和错误，这对于上级来说不但脸上显得没有光彩，而且对自己的面子还可能造成伤害。因此，多数上级一般不愿意听取反面意见，有时甚至产生反感。那么，作为下属，如何指出上级的缺点和错误呢？

1. **态度要诚恳**

给上级提建议时，说话的态度一定要诚恳，要注意敬语的运用，委婉地把自己的意见表达出来。因为你的坦率和诚意，即使上级不完全赞同你的观点，也不会影响到他对你个人的看法。

2. **时机要适当**

上级再能干也是一个普通人，所以你要照顾他的心情，选择合适的时机说。一般早晨刚上班，上级心情好，谈话效率较高。下班前，他忙碌了一天，心情极其烦躁，你千万别再火上浇油了。

3. **从上级的利益出发**

上级能否接受你的意见，一方面要看你的意见是否合理，另一方面要看你的意见是否对公司或者上级有利。所以在阐述的时候，应该多强调上级或者公司从中可以得到的利益。

4. **选择合适的场合**

对上级提意见，不应该在公共场合，这样不仅有损上级的面子，而且成功率也很低，应该选择在上级的办公室等私人场合。

5. **不要全盘否定**

上级制订了一个方案，肯定是对此方案很满意的，因此在给上级提意见时，要先在肯定的前提下，对某些局部问题提出商讨。采取先赞同后否定的措施，让上级觉得你们是沿着共同的目标前进，只是想把方案做得更加完美，任务完成得更加出色，这种方式上级不仅容易接受，也会对你刮目相看。

6. **抓住上级的心理对症下药**

说服上级时，首先应该抓住上级的心理，这样才能对症下药。你可以从上级的“心腹”那里了解上级的想法和内心的需要。换位思考，站在上级的角度想一想，如果你碰到这种问题该怎么想？多向上级提问，从他的回答中观察和倾听，了解他的真实想法和性格特点。倔强性格的上级其观点很难改变，需要一些刺激；而性格温和的上级往往需要采用迂回的方式进行说服。

总之，对上级提意见一定要讲分寸、讲技巧，这也是一门很深的艺术，学好这门艺术，你和上级的关系才会更加融洽。掌握良好的提意见方式，上级不仅不会反感你，反而会认为你很有思想，很有才华，扩宽你的晋升空间。

迂回说服，上级更容易接受

在语言表达中，有的时候直来直去地说话并不能取得很好的效果，而是需要采取“迂回”的手段来达到说话的最终目的。迂回之术不带刺，绕了一个弯后，让人不仅听明白了是怎么回事，最重要的是，人们能愉快地接受。这就要求我们在步入正题前，需要先来点“铺垫”，作些“迂回”，然后再一步一步导入中心，这样才会收到良好的效果。

公元前266年，赵惠文王死了，太子继位，因其年幼，由母亲赵太后掌权。秦国乘机攻赵，赵国向齐国求援。齐国说，一定要让长安君到齐国做人质，齐国才能发兵。长安君是赵太后宠爱的小儿子，太后不让去，大臣们劝谏，赵太后生气了，说：“谁敢再劝我让长安君去齐国，老妇我就要往他脸上吐唾沫！”左师触龙偏在这时候求见赵太后，赵太后怒气冲冲地等着他。

触龙步伐缓慢地来到太后面前，说：“臣最近腿脚有毛病，只能慢慢地走路，请原谅。很长时间没有来见太后，但我常挂念着您的身体，今天特意来看看您。”太后说：“我也是靠着车子代步的。”触龙说：“每天饮食大概没有减少吧？”太后说：“用些粥罢了。”这样拉着家常，太后脸色缓和了许多。

触龙说：“我的儿子年小才疏，我年老了，很疼爱他，希望能让他当个王宫的卫士。我冒死禀告太后。”太后说：“可以。多大了？”触龙说：“十五岁，希望在我死之前把他托付给您。”太后问：“男人也疼爱自己的小儿子吗？”触龙说：“比女人还厉害。”太后笑着说：“女人才是最厉害的。”

这时，触龙慢慢把话题转向长安君，对太后说，父母疼爱儿子就要替他长远打算。如果您真正疼爱长安君，就应让他为国建立功勋，否则一旦“山陵崩”（婉言太后逝世），长安君靠什么在赵国立足呢？太后听了，说：“好，长安君就听凭你安排吧。”于是，触龙为长安君准备了上百辆车子，到齐国做人质。接着，齐国也派兵救了赵国。

迂回地表达反对性意见，可避免直接的冲撞，减少摩擦，使上级更愿意考虑你的观点，而不被情绪所左右。所以，与上级说话要想取得理想的效果，不仅要真诚相待，还要善于动脑，讲究一点谈话的艺术，尤其是当上级固执己见，谁去劝说他都不理不睬，泼水不进的时候，巧妙的办法就是避其锋芒，以迂为直。

有时，迂回可能要多走一些弯路，多废一些唇舌，多耗一些时间，但总比无功折返好。

春秋时期，吴王准备攻打楚国，他知道这个计划会遭到很多大臣们的反对，于是对左右的人说：“谁要是对我攻打楚国发表反对意见，我就让他去死。”因此很多大臣都不敢来指出这个计划的错误。攻打楚国会给吴国带来很大危害，吴王的宫廷近侍少孺子为了劝谏吴王，想了一个办法。

一天，吴王早起时发现少孺子浑身湿漉漉的，就问他是怎么回事。少孺子说：“我带了弹弓，在后花园闲逛，想打些飞鸟。突然我发现了一件让我不能忘怀的事情：一只蝉在树上尖厉地鸣叫，喝着露水。蝉不知道有一只螳螂正在它的下方悄悄地向上爬，正想把它作为自己的早餐呢！那螳螂伏曲着身子，张着足爪，沿着浓密的枝条，一步一步地接近了蝉。可螳螂哪里知道，这时有一只黄雀藏在不远的一根树枝上，正要展翅飞来啄那只螳螂！黄雀伸着脖子以为很快就可以将螳螂吃到嘴里，哪里会想到这时我正用弹弓瞄准它，它也完蛋了！这三个小东西，都是只顾前，不顾后，它们的处境真是太危险了！而我呢，则因为看到这么精彩的场面，时间久了，让露水把衣服都沾湿了！”吴王听了少孺子的话，心中猛然警醒，同时也明白了少孺子的一番良苦用心，于是决定放弃攻楚的计划。

少孺子鉴于吴王的威严和其下的命令，不能直接进行批评，于是采用迂回的办法，连用三种动物，比喻其做事只图眼前利益，不知祸害就在后面，从而使吴王醒悟并接受了他的批评。可见，在说服上级的时候，通过迂回的办法去表达自己的反对意见，并力求使上级改变主张，是十分奏效的方法。

过于直接的批评方式，会使上级自尊心受损，大跌脸面。因为这种方式使得问题与问题、人与人面对面地站到了一起，除了正视彼此以外，已没有任何回旋余地，而且，这种方式是最容易形成心理上的不安全感和对立情绪的。你的反对性意见犹如兵临城下，直指上级的观点或方案，怎么会使上级不感到难堪呢？特别是在众人面前，上级面对这种已形成挑战之势的意见，已是别无选择，他只有痛击你，把你打败，才能维护自己的尊严与权威，而问题的合理性与否，早就被抛至九霄云外了，谁还有暇去追究、探索其中的道理呢？

直接表达反对性意见会激起上级的不良情绪反应，挫伤上级的自尊和脸面，造成不必要的冲突和摩擦。而迂回的手段则会为上级接受你的意见提供一个平和的环境。

迂回说服不会得罪人，是说服他人的最好方式之一。所以，在说服过程中，要认真体会语言的敏感程度，最好能把话说得委婉动听，这样，既达到了目的，又不至于使双方都难堪。

巧用暗示，让上级心悦诚服地接受意见

暗示，是人与人之间相互影响的一种特殊方式，暗示者出于自己的目的，采取隐晦、含蓄的语言，巧妙地向对方发出某种信息，并以此来影响对方的心理，使其不自觉地接受一定的意见、信息或改变自己的行为。

在说服上级的过程中，可以采用委婉暗示的方法。当你发现上级行为有所缺失时，不必说得太露骨，稍微暗示一下对方，或者旁敲侧击地提醒，上级通常能够明白你的意思，还会对你的善意规劝表示好感。

有一年，南唐税收苛严，百姓不堪重负。很多大臣劝谏烈祖减轻赋税，都没有结果。当时逢京师又遇大旱，民不聊生。

一天，烈祖问群臣：“外地都下了雨，为什么唯独京城不下？”大臣申渐高一听，立即抓住这个机会进谏，但又不能直言，便诙谐地说：“因为雨怕

收税，所以不敢入京城。”

烈祖天生睿智，知其话中暗含之意，大笑一阵后，即颁发圣旨，减轻税收，让百姓休养生息。

大臣申渐高借助一句幽默的话，暗示烈祖要减轻税收，想不到竟收到如此奇效，为百姓做了一件好事。

暗示的说服方法就是通过曲折隐晦的语言形式，把自己的意见暗示给对方。这种语言表达方式既可以达到批评教育的目的，又避免了难堪的场面。在指出上级不足的时候，我们也可以像申渐高一样，用暗示的方法，点到为止，让上级自己去领悟。毕竟是上级，说得太直接，等于直接打在他脸上一样，他自然不会高兴。所以，在说服上级时，要多用一些小技巧，无论是明说还是暗示都要给上级留好台阶，以防引起他的不快。

某公司的经理为了赶工作进度，经常不管下属的精力和时间如何，只是一味催促下属加快工作的进程。

这天，经理向王威下达了今年的校园招聘任务，并且要求招聘的学校范围从去年的 15 个增加到今年的 20 个，但是人员和时间的安排却和去年无异。

王威听完经理的安排，心里知道要是按这个计划来做，人员和时间上肯定远远不够，但是又不能直接向经理提出。经过一番思考，王威假装很随意地问道：“经理，去年我们的校园招聘覆盖了 15 个学校，大概需要多少人员，历时多长时间？我想先了解一下去年的数据，也好安排好今年的计划。”

经理听完，就直接说：“去年的范围是 15 个学校，人员和时间……”

王威耐心听完经理的回答，然后委婉地说：“经理，您看，今年的学校范围扩大了，人员和时间的安排上是不是也要作相应的调整？”

经理听完这番话，思索片刻，发现今年的招聘难度确实比去年的大，遂答应要给王威做另外的时间和人员安排。

面对眼前的工作难题，王威没有直接向经理提出自己的难处，而是用一种巧妙的问答形式，暗示经理，让他明白完成这项工作的难点所在，从而让经理对工作安排作出相应的调整，王威的目的因此也达到了。

如果你想说服上级改变初衷，有时不需要说得很明白，对于不好回答或者不方便说的话，不妨用语言暗示或比喻，将自己想要表达的意思寄寓于某个具体情况之中，上级也就明白你的意思，从而使棘手的问题得到解决。

北宋朝知益州的张咏，听说寇准当上了宰相，就对其部下说："寇准奇才，惜学术不足尔。"这句对寇准的评价是非常正确的，因寇准虽然有治国之才能，但不愿学习。

张咏与寇准是相交很深的朋友，他一直想找个机会劝劝寇准多读些书。因为身为宰相，关系到天下的兴衰，理应学问更大些。

恰巧时隔不久，寇准因事来到陕西，刚刚卸任的张咏也从成都来到这里。老友相会，格外高兴。临分手时，寇准问张咏："何以教准?"张咏对此早有所考虑，正想趁机劝寇准多读书。可是又一琢磨，寇准已是堂堂的宰相，居一人之下，万人之上，怎么好直截了当地说他没学问呢？于是，张咏略微沉吟了一下，慢条斯理地说了一句："《霍光传》不可不读。"

当时，寇准弄不明白张咏说这话是什么意思，可是老友不愿就此多说一句，说完后就走了。

回到相府，寇准赶紧找出《汉书·霍光传》，他从头仔细阅读，当他读到"光不学无术，谋于大理"时，恍然大悟，自言自语地说："这大概就是张咏要对我说的话啊!"

原来，当年霍光任大司马、大将军要职，地位相当于宋朝的宰相，他辅佐汉朝立有大功，但是居功自傲，不好学习，不明事理。

寇准是当世"奇才"，然而却不大注重学习，知识面不宽，这就会极大地限制寇准才能的发挥，因此，张咏劝寇准多读书加深学问，既客观又中肯。然而，说得太直，对于刚刚当上宰相的寇准来说，面子上不好看，而且传出去还影响其形象。张咏知道寇准是个聪明人，以一句"《霍光传》不可不读"的赠言让其自悟，何等婉转曲折，而"不学无术"这个连常人都难以接受的批评，通过教读《霍光传》的委婉方式，使当朝宰相也愉快地接受了。

说服他人时，有时候直接的表达未必能收到良好的效果。你如果用一种委婉的暗示法，"话语软则含义深"，巧妙攻击对方的心灵，使他洞察到你话中的言外之意，他便会欣然同意你的请求。这样说话，于人于己，有利而无害，何乐而不为呢?

委婉含蓄的说话更胜口若悬河。当你很想表达一种内心的愿望，但又难以启齿时，不妨使用暗示的表达方法，有时要比把话说在明处更能达到正确表达的目的，收到令人满意的效果。

技巧⑨

妙言妙语，给上级留下好印象

学会和上级说话是职场人士工作中的一门必修课。说话有尺度，交往讲分寸，办事讲策略，行为有节制，别人就很容易接纳你，帮助你，尊重你，满足你的愿望。因此要想获得上级的认同和赏识，就应该掌握最恰当的说话尺度和适宜的办事分寸。作为下属，要想得到上级的信赖，嘴上说话一定要有个把门的，一定要把握好分寸。

语言在精不在多，和上级说话要简洁精练

刘禹锡的《陋室铭》中有这样一句话："山不在高，有仙则名；水不在深，有龙则灵。"人与人之间说话也如此，话不在多，简要即可；语言不用很华丽，只要一语中的即可。上级一般厌恶空话、大话，但是对简明扼要的话却十分欢迎。

很多时候，啰唆一堆不如精练一句，语言在精不在多，这是语言沟通的中心观点。口才最差的人可能就是喋喋不休的人，但是他可能自己认为自己很棒。其实，如果一个人想要真正地把自己的话说得高效，就必须让自己的语言很简练，这样才能让对方很快明白你所说的意思。

《墨子·附录》中有这样一则寓言：

有一名学生向墨子请教："话多好吗？"墨子回答说："青蛙日夜鸣叫，可仍然没有人听；报晓公鸡一叫，天下为之震动。话不在多，关键在于合乎时宜。"

这个寓言告诉我们：语言的精髓，在精而不在多。口才最差的人，往往可能就是那些喋喋不休的人，说了一大堆，也没有说出主旨，反而还认为自己很棒。

美国总统哈里·杜鲁门一生中最推崇简洁的语言，他曾说过："一个字能说明问题就别用两个字。"而这同样是许多上级所认同的方法。但生活中，常有些人为了卖弄才华，在叙述一件事情时，极力修饰他们的语句，用重复的形容词，或故意用西方语言独有的倒装句法，或穿插歇后语、俏皮话，甚至引用经典、名人语录。如果你没有专心听他说话，或许根本弄不清他到底在说什么；有的人说话费了很大的精力，仍使人抓不住他所要表达的意思，即使用词再瑰丽，也没用。说话时切记要说得精练、简明扼要，在话未说出的时候，先在脑子里想好一个轮廓，然后，按照顺序一一说出来。

明代有个大臣，名字叫茹太素，此人有才是有才，就是写起文章来喜欢长之又长。有一次，他写一个公文，本来只用500字就可以完成，而他竟然

用了1.7万字，满篇的套话、官话、空话，在朱元璋面前，他滔滔不绝地读着公文，读完了几页，还不见他切入正题。朱元璋越听越生气，因为他“厌听繁文”，于是便龙颜大怒，命令手下人将茹太素一顿痛打。

这个故事无非告诉人们这样一个道理：讲话要长话短说。说话啰唆、不懂节制，这是一种很不好的语言习惯，也是十分令上级讨厌的说话方式。所以要记住，话贵精不贵多，啰唆一堆不如精练一句，把话说到点子上，把力量用在关键问题上，就可以达到很好的效果。

古语云：“言不在多，达意则灵。”语言是传递信息和交流思想的工具，思想工作的技巧和表现手法主要体现在语言的运用上。要语不繁，字字珠玑，简练有力，能使人不减兴味；冗词赘语，语絮唠叨，必令人生厌。因此，和别人交谈，说服别人时，要“筛选”、“过滤”出最精辟的，恰如其分地表情达意的语句，尽可能以节俭的语言表达出深刻的内涵。这样才可能更快、更准地说服别人，取得说服的成功。

在第二次世界大战期间美国人担心日本夜间空袭，于是政府部门颁布了灯火管制命令：“务必做好准备工作。凡因内部或外部照明而显示能见度的所有联邦政府大楼和所有联邦政府使用的非联邦政府大楼，在日军夜间空袭时都应变成漆黑一片。可通过遮盖灯火结构或终止照明的办法实现这种黑暗。”

当富兰克林·罗斯福获悉这项指令后，他换上了自己的命令：“要求他们在房屋里工作时必须遮上窗户；不工作时，必须关掉电灯。”

哪一种说法听起来更有说服力呢？第一个命令废话连篇，给听者增加了理解的负担，只有在删掉那些官样文字后才能明白这条命令。罗斯福的话简短明了，并以谈话的方式表达。更妙的是，罗斯福让活生生的人参与具体的工作，通过这种方式使这条命令更加具有活力。

其实，真正打动人心的语言往往不是长篇大论，而是那些简洁有力的话语。所以，人们在谈话时应遵循简洁的原则，甚至要“惜字如金”。

满嘴跑火车，词不达意，说得再多也无济于事，反倒让人生厌。话不在多而在精，一个会说话的人，往往语言精练，句句都说到别人心里；不会说话的人，总是语无伦次，话说不到点子上。所以，话不在多而在精，精练的语言往往更能打动人心。

用最少的字句，包含尽量多的内容，是说话的最高境界。俗语说得好，蛤蟆从晚叫到天亮，不会引人注意；公鸡只啼一声，人们就起身干活。会说话的人，不一定是说话最多的人，话贵在精，多说无益。

张芳是经理的秘书，她做事仔细、认真负责，但令经理头疼的是，张芳在汇报时常常控制不住话语，一说就是大半天，但其实她说的无非就是几点内容。

这天，张芳来到经理的办公室，打开话匣子就说："经理，今天您的日程安排挺多的。早上您要和张总谈合作的事情，这个合同是……中午的时候约好了王总，要和他一起洽谈项目的事情，这个项目是……下午您还要在员工大会上发言，是关于……"

张芳滔滔不绝说了大半天，却没发现经理的脸色已经变了。

经理不耐烦地打断她说："你把这几件事情用备忘录的形式写好给我就行了，我时间有限，没那么多时间听你说了。"

张芳听到经理的话，只好退出了办公室，她还一直纳闷为什么经理不愿听自己汇报日程安排的事情。

故事中的张芳其实犯了喋喋不休的坏毛病。经理每天事务繁忙，如果秘书在汇报工作时不会言简意赅地说明问题，只会引起经理的反感。

任何上级都不喜欢下属喋喋不休地向自己汇报工作，也不希望对方夸夸其谈，毫不在意自己的感受。事实上，如果把话说得短些，并不影响讲话的效果，因为讲话时间长，并不意味着讲话效果好。讲短话，是在追求效率，是懂得珍惜时间的表现，也是对别人的尊重。更为重要的是，这样的讲话别人才有可能听进去，并认真执行。

那么，和上级说话时，如何才能做到说话言简意赅呢？

1. 培养自己分析问题的能力

要学会通过事物的表面现象来把握事物的本质特征。你可以对一件事情进行综合概括，然后再运用语言交流，这样就能准确地表达出谈话的重点，同时也会使谈话显得精辟，更有力度。

2. 尽可能多地掌握一些词汇，丰富和扩充自己的语言体系

福楼拜曾经告诉我们："任何事物都不只有一个名词或者动词或者形容词来形容它。"如果讲话者词汇贫乏，说话时即使搜肠刮肚也很难有精彩的谈吐。

3. 把复杂的话简单地表述出来

说话简练，言简意赅，不说废话，这样才能显出说话人的干练。

总之，上级最讨厌废话连篇，半天说不到点子上的人。言简意赅，不说废话，这样才显得说话的人干练，所以，在与上级说话时，注意说话要简洁一点，这样才能够受到上级的欢迎。

婉转拒绝，让上级愉快地接受

在日常生活中，我们每个人都或多或少地拒绝过别人，而在工作中就更加不可避免地拒绝上级，因为谁也不可能做到对上级有求必应。有的时候，明明是很难做到的事，即使勉为其难地答应了上级，结果只会给自己带来更多的麻烦和困扰，而且一旦完不成任务，还会使上级对我们的能力产生怀疑。因此，我们有必要学会委婉地拒绝，勇于对上级说"不"。

徐刚是某公司的职员，他平日里少言寡语，不善言谈。有一次，老板却派给他一个任务，去出差催款。

徐刚性格内向，不善于和别人打交道，催款这种事情他肯定做不来，应该交给能说会道、善于交际的人去做才好。徐刚心里这么想，却不敢说出来，也没有勇气拒绝老板，只好硬着头皮答应了。

来到目的地，对方热情招待徐刚，酒桌上对方要徐刚喝酒。徐刚坚持自己的原则，一口也不喝，让对方下不了台。对方一气之下，编了一个理由，把徐刚打发走了。徐刚没有完成任务，老板自然非常生气。老板说："如果你办不到，为什么还要答应？这是工作，不是游戏，逞什么英雄！"

故事中的徐刚由于当初不好意思拒绝，最终没有完成老板交代的任务，受到了老板的批评。这对我们是个值得吸取的教训。无论做什么，都要量体裁衣，自己感到难以做到的事，要鼓起勇气，很巧妙地告诉上级，这已经超出了你的能力范围，既不让上级觉得你无能无力，也别让自己硬接下来，若到时完不成更加影响到自己在上级心中的地位和价值。

事实上，拒绝他人本就是一件伤感情、导致尴尬局面的事情，但如果我们能在拒绝中注意话语的含蓄和否定的技巧，是完全能避免这些情况发生的，从而让生硬的否定变成一副可爱的面孔，在轻松愉快的气氛中拒绝别人。

肖强和经理的关系不错，所以一般有什么活动或者聚会，经理都会叫上他一起参加。但时间一长，肖强就觉得自己的下班时间都被各式各样的应酬填满了，也很少有时间回家享受妻子做的饭菜。肖强觉得长久下去也不是个办法，他想应该如何巧妙地拒绝经理的邀约，才不会让经理感到不满。

这天下班，经理走到肖强的办公桌前，笑着说："肖强，今晚和王总约好了，下班后去吃个饭，你也一起去吧，别忘了啊。"

肖强一听，又要陪经理去吃饭，可是已经和老婆说好要回去吃饭了。肖强只好装出很无奈的表情，对经理说："经理，你也知道，我们家那位是个强悍的母老虎，今天是她的生日，我要是不回去陪她吃饭。估计我以后都没法进家门了。您看，今晚的饭局能不能让其他同事陪您一块儿去?"

经理第一次听到肖强拒绝他的话，当即一愣，不过很快调整过来："哈哈，没想到你还是一个如此顾家的好男人呀。今晚的饭局你就不要去了，好好回去给你老婆过生日吧。以前是我疏忽了这一点，以后的饭局你适当参加就可以了，不用每次都去了。"

肖强笑着应道："谢谢经理的理解和批准。"

肖强终于用巧妙的方式，对经理成功说出了"不"。

正确拒绝上级是一种应变的艺术，它能让你化险为夷，为自己留下回旋的空间。找一个恰当的借口拒绝上级，模糊一些，对方会欣然接受；如果生硬地拒绝，对方则会产生不满，甚至对你产生怨恨。把拒绝的话说得委婉、模糊一些，能够使上级听出你拒绝的弦外之意，做到既不伤及上级的自尊和权威，又达到了拒绝他的目的，是聪明下属善用的小把戏。

下属在拒绝上级时，需要掌握的语言艺术有：

1. **主动透露实情**

拒绝他人是一件很困难的事情，但有时，我们又不得不去学会拒绝他人的某些请求。当你对他人的要求不乐意接受或感觉力不从心的时候，你可以采用主动透露实情的办法，让对方体会到你的难处，进而放弃自己的请求，以达到拒绝对方的目的。

当年，身为少校军衔的蒋纬国驻防徐州。一次，他乘火车去南京办理公务。当他走进卧铺车厢后，便把随身携带的手枪挂在床头，刚想躺下来休息，这时，进来一位少将，他的铺位，恰在蒋纬国的上面。少将一看他是个少校，便说："起来，起来，上铺睡去。"服从上级是军人的准则，蒋纬国一听将军发话，立即起身，行了一个军礼，便爬上了上铺。

将军刚躺下，就发现蒋纬国那把挂在床头的手枪，便取了过来。一看，那是把做工小巧精致的手枪，顿时爱不释手。他躺在下铺对上铺说："你一个小小的少校，怎么会用这么好的手枪？不如咱们换一换吧。"说着拍出他随身带的一把大手枪。

听此话，蒋纬国敏捷地从上铺跳到地上，行了一个军礼之后回答道："报告长官，此命难为。"

将军问："为什么？"

少校答："此乃德国特制手枪，有人赠予家父两把，家父把其中的一把赠给了我。"

将军问："另一把在哪里？"

蒋纬国答："家父珍藏另一把。"

将军问："令尊何人？"

少校答："报告长官，家父乃蒋委员长。"

将军一听，腾一声从铺上翻身起来。什么话也没说，悄悄走出房间，再也没有返回。

对于将军的无理要求，蒋纬国没有依仗父亲的权势直言顶撞，他巧妙地透露自己的身份，让对方知难而退，这种做法是值得我们借鉴的。

有些时候，在拒绝对方的某些要求或请求时，我们需要开诚布公，主动透露实情。如果你不敢明确说出事实，表明态度，而是采取模棱两可的说法，就可能让对方摸不清你的真正意思，会产生许多不必要的误会，这就容易导致彼此关系的破裂。相反，如果你表明立场，主动说出实情，对方就会明白你的用意。特别是当你的上级要求你去做某些事，而你又不想做的时候，你可以如实相告，这样一来，他也会理解你的难处，进而取消对你的要求。

2. **模棱两可的拒绝**

生活中大家可能都有这样的经验，当你提出某种要求时，对方既不马上反对，也不立即赞同，而是耐心细致地和你谈些与主题有关但又模模糊糊的问题，整个谈话像笼罩在“烟雾”之中，最后你都不明白自己是怎样被拒绝的。

下属想要拒绝上级时，不妨也采取这样的方式，在模糊的语言环境中达到拒绝上级又不伤害上级自尊的目的。

德皇威廉二世派人将一艘军舰的设计图交给一个造船界的权威，请他评估。他在所附的信件上告诉对方，这是他花费了多年的精力和心血才研究出来的，希望他能仔细鉴定。

几周后，威廉二世接到了那位权威人士的报告。里面附有一叠从数字推论出来的详细分析，文字报告是这么写的：“陛下，非常高兴能见到一幅美轮美奂的军舰设计图，能为它作评估是在下莫大的荣幸。可以看出这艘军舰威武壮观、性能超强，可说是全世界前所未有的海上雄师。它的超高速度举世无双；而武器配备可说是独一无二，配有世上射程最远的大炮和最高的桅杆；舰内的各种设施，将使全舰官兵如同住进豪华旅馆。这艘举世无双的超级军舰只有一个缺点，那就是如果一下水，马上就会像只铅铸的鸭子般沉入水底。”

威廉二世看了这个报告不禁笑了。

其实，这位造船界的权威人士的意思就是这张设计图一窍不通。但如果他直言不讳的拒绝：“陛下，您的设计图一无是处，只有一个空架子。”结果会怎么样呢？不言而喻。

所以，同样的说话意图，不一样的说法，效果截然不同。避开实际性的问题，故意用模棱两可的语言作出具有弹性的回答，既无懈可击，又达到在要害问题上拒绝答复的目的。

有时候，找借口拒绝上级，不要太直白，模糊一些拒绝会保住上级的面子，同时也可以表达出自己的意思，这样做才能让上级心服口服；如果生硬地拒绝，上级则会产生不满，甚至仇恨、仇视你。把话说得委婉、模糊一些，能够使上级听出你拒绝的弦外之意，做到既不伤人，又达到了拒绝的目的，彼此还能和和气气，何乐而不为呢？

3. 幽默拒绝

在拒绝上级时，采用幽默的方式往往能使上级对你的委婉回绝心领神会，从而避免了尴尬。

一天，老刘带着他7岁的儿子，拿着一份报告去找科长。

科长接过报告，不禁哈哈大笑："老刘啊老刘，别人都说你聪明，你怎么糊涂起来了？你才40多岁，你儿子才7岁，怎么打起退休离职报告来了？"

老刘不紧不慢地说："科长，要是我按着您给我的这个工作量工作，等做完了，我和儿子的年龄就都够了。"

老刘在拐弯抹角的夸张中机智应对科长的嘲笑，还制造了笑料，让科长在他的笑话中明白他是不可能完成这么大的工作量的，这样的巧妙拒绝，在保住科长面子的同时也会让他感觉到舒心。

在面对上级的要求时，如果自己不情愿去做，那么如何拒绝才能既不会伤害到和气，又能达到成功拒绝上级的目的？这时，不妨转换一下思维，运用幽默的说法，巧妙地向上级表达自己的拒绝之意，这样既能成功推掉自己不想做的事，又不会伤害上级的自尊。

尴尬时刻，积极地为上级"解围"

任何一个人都有可能犯错误，上级也不是万能的，上级也有上级的盲区。在工作中，上级难免有说错话、办错事的时候。此时，你若能及时而勇敢地、得体而巧妙地站出来，为他解除窘迫的局面，缓和尴尬的气氛，上级一定会对你心存感激。

慈禧是个京戏迷，每次看完京戏后，常赏赐艺人一点东西。一次，著名演员杨小楼唱完戏后，慈禧很满意，便将桌子上的糕点赏赐给他。

杨小楼叩头谢恩，但他不想要糕点，便壮着胆子说："叩谢老佛爷，这些宫廷美食，奴才无福消受，能否另外恩赐点……"

"要什么？"慈禧心情高兴，并未发怒。

杨小楼又叩头说："老佛爷可否赐幅墨宝给奴才。"

慈禧听了，一时高兴，便让太监捧来笔墨纸砚。慈禧举笔一挥，写了一个"福"字。

站在一旁的小王爷，看了慈禧写的字，悄悄地说："福字是'示'字旁，不是'衣'字旁的呀！"

字写错了，这让杨小楼左右为难。若拿回去被人看到，会说他有欺君之罪。若不拿回去，慈禧一怒就会要自己的命。要也不是，不要也不是，他一时急得直冒冷汗。

气氛一下子紧张起来，慈禧太后也觉得挺不好意思，既不想让杨小楼拿去错字，又不好意思再要过来。

这时，旁边的李莲英赶紧上前说道："老佛爷之福，比世上任何人都要多出一'点'呀！"

杨小楼一听，也随声附和道："老佛爷福多，这万人之上之福，奴才怎么敢领呢！"

慈禧正为下不了台而发愁，听他们这么一说，急忙顺水推舟，笑着说："好吧，隔天再赐给你吧！"就这样，李莲英为二人解脱了窘境。

在这里，我们可以看出大太监李莲英深得慈禧喜爱的原因，就是因为他为人机灵、嘴巧，善于为慈禧和下臣解脱困境。

在工作中，上级也会有非常尴尬、窘迫的时候，此时，你若能挺身而出，帮上级打圆场，摆脱窘境，就会获得上级的赏识和信任，无形中也增进了彼此的感情，甚至你会发现，你的晋升之日已经指日可待了。

清末陈树屏做江夏知县的时候，大臣张之洞在湖北做督抚。张之洞与抚军谭继询历来关系不合，有一天，陈树屏在黄鹤楼宴请张、谭等人。有人谈到江面宽窄问题，谭继询说是五里三分，张之洞却故意说是七里三分，双方争执不下，都反唇相讥，谁也不肯丢自己面子。陈树屏知道他们是借题发挥，对两个人这样闹很不满，但是又怕扫了众人兴，于是灵机一动，从容不迫地拱拱手，言辞谦虚地说："江面在水涨的时候就宽到七里三分，而落潮时便是五里三分。张督抚是指涨潮而言，而抚军大人是指落潮而言。两位大人说得都没错，这有何可怀疑的呢?"张、谭二人本来是信口胡说，由于争辩而下不了台阶，听了陈树屏的这个有趣的圆场，自然无话可说了。于是众人一起拍掌大笑，争论便不了了之。张、谭二人对陈树屏都心存感激，不久张之洞便上言朝廷把陈树屏升至知府。

打圆场的目的是消除尴尬、平息事端。运用得好可以消除误会、融洽气氛、缓和尴尬，还有利于问题的解决。一个善于打圆场的人，是聪明老练的表现，也是一个人应变能力的表现。只有处世功底深厚的人，才有可能在情况突变的时候巧妙地化险为夷、化拙为巧，使自己或他人摆脱尴尬境地，并在交际中取得良好的效果。

有一次，公司里召集各部门的负责人开会，准备安排下一阶段的工作任务。在会议开始的汇报工作中，有一位主管工作责任心不强，把几项交办的工作没做好，还捅了娄子，结果引得经理很情绪化，发了不小的脾气，使会议气氛十分紧张。秘书小张目睹此景，便建议休会，先休息10分钟。在休息的间歇，秘书小张递了一个纸条给经理，上面写着："经理，会前您曾说过，这个会议的主要议题是布置工作，动员干部，刚才的会议气氛有点儿紧张，不利于这次会议的顺利进行。有些问题似应专门开会或会后再解决更好。"

当复会后，小张发现经理已恢复了正常，并把会议引导到了正常的议程上。会议比较圆满地结束了。

会后，经理私下向秘书小张表示了感谢。从此，小张也越来越受经理的赏识了。

中国人爱面子，怕尴尬，怕下不来台。当上级处于尴尬之境时，我们用心一点，多做几次主动解围的动作，你就会发现：上级觉得脸上有光，心里自然高兴，随后就是提拔你、重用你的机会。那些机灵的、会说话的人，格外容易得到上级的提拔。

智者千虑，必有一失。上级是人不是神，决策也难免会有失误之时。此时，会共事的下属，应该适时大胆地站出来为上级做解释与协调工作，为上级挽回面子。关键时刻把错误揽在自己身上，给上级添足面子，这样的下属不是投机钻营，而是真正了解上级的所想所需。

有一家公司新招了一批员工，在老板与大家的见面会上，老板逐一点名。

“刘烨（华）。”

全场一片静寂，没有人应答。

一个员工站起来，怯生生地说：“老板，我叫刘烨（叶），不叫刘烨（华）。”

人群中发出一阵低低的笑声。

老板的脸色有些不自然。

“报告经理，我是打字员，是我把字打错了。”一个精干的小伙子站了起来，说道。

“太马虎了，下次注意。”老板挥挥手，接着念了下去。

没多久，打字员被提升为公关部经理，叫刘烨的那个员工则被解雇了。

金无足赤，人无完人。上级也会出现疏忽和漏洞，决策的失误、指挥的不当，经常会有发生。作为下属，绝不要放大他的错误，甚至想墙倒众人推。最好主动出面，帮助上级适当遮掩差错，往自己身上揽些责任！上级都喜欢可以为自己“补台”的下属，如果你在关键时刻对他落井下石，或对他的“落难”不闻不问，冷漠置之，他可能很快就会报复你。相反，如果你在关键时刻为上级挽回面子，你就能够赢得上级的赞赏。

敢于开口，大胆地向上级提出加薪请求

在职场中，我们虽然不能简简单单地把收入直接等同于能力，但是收入毕竟是我们的工作能力或工作价值的一种反映，我们都渴望我们的工作成绩

能够跟我们的收入成正比。当我们的业绩和收入不一致的时候，我们当然希望向上级表达出自己提升工资的愿望，但是这种提议就像一个雷区一样，需要我们在合适的时刻、合适的地点，非常机智地向上级表达出来，才会让上级更容易地接受，否则不但加薪不成，反而引起上级的反感，甚至会因此被上级逐渐疏远。

大学毕业后小敏在一家外贸公司工作，因为是第一份工作，所以格外珍惜。她工作很努力，上级对她的工作态度也很肯定，还多次表扬了她，却从没有提过给她升职加薪的事。一次偶然的机会，她得知和她一起进公司的一位女同事的工资早已是她的两倍，但是同事的工作并未见得比自己优秀多少，她心里很不平衡。

于是，小敏来到上级的办公室，开门见山地表达了她的不满，并要求上级给她加薪，否则她就辞职。可上级并没有理会她的要求，她因此对工作失去了热情，开始敷衍应付起来。一个月后，上级把她的工作移交给了其他员工，大概是准备“清理门户”了。小敏也觉得再做下去没什么意思，于是递交了辞呈。

只要你认为加薪是合理的，你就有权提出。但提出加薪时最好是巧妙地、有技巧地同上级交流自己的想法，就算万一不被上级接纳，也不会给大家留下难堪，以致影响日后的工作。所以说，和上级提加薪是一个技术活，不仅要注意条件和时机是否成熟，还要掌握一定的技巧。

1. 自表身价谈加薪

你的薪水开什么价，取决于你的使用价值到底有多高。一个不会为公司创造价值、或者所创造的价值远远低于公司所支付的薪水的人，是没有资格与上级谈加薪的。因此，回顾你进入公司之后为公司作出了多少贡献，向上级证明你的价值，是必不可少的一个环节。如果有可能，最好用数字来证明。

刘丽是一家公司的经理助理，长期以来，她一直勤勤恳恳地工作，因而得到了经理的信任和赏识。一开始，刘丽还很高兴，但时间一长她发现，经理只是在口头上对她进行赞赏，却没什么实质性的表现，比如加薪等。刘丽认为再这样下去，自己的工作积极性迟早会被消磨掉的。但怎样才能向经理提出加薪的请求呢？刘丽思考了一阵子，终于找到了方法。这天，刘丽所在的部门完成了一个重大的项目，其中刘丽付出了很多努力。在项目的庆功宴上，刘丽看到经理心情不错，于是走过去和她闲聊道：“经理，这次的项目多亏了您的指导，才能这么快顺利完成，您真是我们的领头羊。”

经理笑着说：“刘丽，你这回也付出不少啊。”

刘丽趁机说：“是啊，这次的项目是我们公司的重点项目，为了它我可是连着干了好几个通宵，总算是没有白努力了。不过，很可惜，我错过了和家里人出去度假的机会……”

经理听了刘丽的话，思考片刻后说：“刘丽，现在部门工作比较繁忙，实在不能给你提供假期，这样吧，鉴于你这次的重大贡献，我会让财务给你调整薪水的，你就先安心工作吧。”

听了这句话，刘丽笑着说：“谢谢经理，我会继续努力的。”

趁着项目完成的关键时刻，刘丽适时表达了自己的想法，最终取得了加薪的胜利。身处职场的人，也应该学会这招，在适当的时机跟你的上级“邀功请赏”。

当然，“邀功请赏”也要把握好分寸，不能让自己“太吃亏了”，也不能要求太多，引起上级的反感。

2. 利用出差谈加薪

很多人不喜欢出差，每次被安排出差就会牢骚满腹，出差一次就逃避第二次出差。其实，这些都大可不必。如果你连续出差两次，那么上级自然会觉得你很辛苦，此时如果再次安排你出差，你就可以要求增加出差的待遇。

李辉所在的企业在海外有多个项目，常驻海外的员工因长年在外，工作也相对辛苦，因此工资待遇和福利都比国内员工高出许多。而李辉处于一个“尴尬”的境地：他属于国内员工，却负责海外项目的联络和管理，工作职责要求他必须把出差海外当作家常便饭。李辉非常看重这份工作，也非常努力从未抱怨，但时间久了，长年飞来飞去不仅感觉很疲惫，而与国内员工等同的待遇也让他心里有些不平衡。

一次上级又给他安排出差工作事项时，李辉像闲聊一样，无意间说了一句：“我这出差的时间似乎比待在国内的时间还长了，家里人还开玩笑说我就像在国外工作。”

虽然这句话是李辉无心之说，但上级还是敏锐地感觉到了李辉的情绪和问题所在。等李辉这次出差回来之后，上级主动找到他，通知李辉今后他将享受国外员工的薪金和福利待遇。

升职、加薪一直是职场上的敏感话题，其实你的辛苦上级都会看在眼里，当碰上同事都不愿意出差，而你挺身而出的时候，或许也正是一个加薪的好机会。故事中的李辉就抓住了这个机遇，他巧妙地用看似漫不经心的一句话向上级表示了自己的想法，而上级也能明白辛苦工作是应该与回报相匹配的，李辉的涨薪就这样实现了。

3. 开门见山谈加薪

在向上级表达加薪的愿望时，要明确，切忌拐弯抹角。既然决定提了，就不要思前想后、犹豫不决。要用最直接、最明白的方式表达你的加薪想法。

柴华毕业于复旦大学，现在一家香港大公司任职。毕业时，她的工作地点是上海，和当地消费水平相比，月薪算是很高了。但今年她被调到了香港总部，和香港同行相比，薪水就显得较低了，所以柴华萌生了要求加薪的想法。恰逢本年度业绩评估报告出炉，柴华的业绩表现处于中上等，她决定抓住这个机会和上级谈谈。

在谈话中，柴华开门见山，直接表达了想要加薪的愿望。上级微笑着问她：“你准备怎样说服我？”柴华摊开面前的第一份资料，上面记载着她进入公司以来的优秀表现和重大业绩。一一陈述完毕，柴华又打开一份自己自进入公司以来的工资变动曲线图。图表清晰地表明，柴华的工资涨幅一直不大，明显低于同行水平。

同时，柴华强调说，自从来到香港，自己又拿到了MBA（工商管理硕士）学位。工作能力大有提高，薪水理应上一个台阶。上级听罢，爽快地说：“公司将继续观察你一段时间。如果的确在工作中表现出了比以前更强的能力，可以考虑加薪。”

此后不久，柴华的加薪愿望就实现了。

在提出加薪请求时，你可以开门见山表达想要加薪的理由，尽量列举工作表现的事实，讲出理由，就比较容易成功。

消除误解，主动地化解与上级的矛盾

在工作中，我们难免会与上级产生一些摩擦和碰撞，引起误解。这时候，如果处理不好，就会与上级加深矛盾，陷入困境，甚至导致双方的关系彻底破裂。遭遇这样的尴尬事情时，你必须控制好自己的情绪，先冷静下来，然后再机智地化解矛盾。

公司正在为了一个策划案的事情展开讨论，经理和李阳的意见出现了不一致的情况。一开始李阳还据理力争，坚持自己的观点，令经理对他有些恼怒，双方一下子陷入了僵局之中。待冷静下来后，李阳意识到对方是上级，而当众反驳上级是不对的。为避免矛盾进一步升级，李阳决定主动化解。

他笑着对经理说："经理，我仔细考虑过了，俗话说不管黑猫白猫，抓到老鼠的就是好猫。这个策划案说到底是为了公司的发展考虑，而且照目前来看，您的提议才是最好的，才是那只最好的猫呀。"

经理一看自己的提议得到了认可，而且李阳的比喻还挺有趣的，因而笑着说："李阳，看来你的悟性不错，就按这个方案来实行吧。"

在即将发生的冲突面前，李阳适时用幽默的比喻成功化解了和上级的矛盾，可谓不错的处理方式。

与上级出现矛盾后，下属如果表现得不知所措、不善言辞，往往会引起上级的不满。而聪明的下属，懂得运用巧妙的方法，成功为自己开脱，从而化解与上级之间的尴尬。上级也会从中看出你的语言能力和应变能力，增加对你的好感。

在长期的工作交流和合作中，因为身份和地位的关系，下属和上级难免会对同一件事情抱有不同的看法，进而产生矛盾。这时，下属最明智的态度就是：及时、主动地去化解它，不能让它成为上级的定型之见，更不能消极回避和等待。只有及时化解矛盾，才能更好地与上级沟通，完成工作任务。

1. **先从自身找原因**

如果发现与上级产生矛盾，不妨静下心来仔细分析一下，看看问题到底出在哪儿：是自己平时恃才傲物、锋芒太露冒犯了上级，还是因为自己说话方式不当让上级遭遇了尴尬，或是因自己工作问题连累了上级……经过反思，如果问题确实出在自己身上，就要赶快采取措施加以补救。比如及时找到上级真诚地承认错误，以求得上级的理解。如果重要责任在上级一方，只要不是原则性问题，就应灵活处理，因为目的在于和解，你可以主动灵活一些，把冲突的责任往自个身上揽，给上级一个台阶下。人心都是肉长的，这样人心换人心，半斤换八两，极容易感动上级，从而化干戈为玉帛。

2. **主动找上级说话**

不少人当与对方吵架之后，双方谁见了谁也不先开口，实际上双方内心却都在期待对方先开口讲话。所以，当你遇到上级特别是有隔阂后，就更应及时主动地答腔问好，热情打招呼，以消除冲突所造成的阴影，这样给上级或公众留下一种不计前嫌、大度处事的印象。不要有侥幸心理，见面憋着一股犟劲不答腔不理睬，昂首而过，长期下去就会旧疙瘩未解又结新疙瘩，矛盾像滚雪球般越滚越大，势必形成更大的隔阂，如此再想和好就晚了，困难会更大。

3. **当作什么事也没有发生**

当你与上级发生冲突之后，要秉承这样一种态度：不计较，不争论，不扩散，而是把此事搁起来，埋藏在心底不当回事，在工作中一如既往，该汇报仍汇报，该请示仍请示，就像没发生过任何事情一样待人接物。这样不揭旧伤疤，噩梦勿重提，随着星移斗转，岁月流逝，就会逐渐冲淡，忘怀以前的不快，冲突所造成的副作用也就会自然而然消失了。

4. **找人从中和解**

当你与上级产生误解时，不妨找一些在上级面前说话有影响力的“和平使者”，带去自己的歉意，以及做一些调解说服工作，不失为一种行之有效的策略。尤其是当你自己碍于情面不能说、不便说的一些语言，通过调解者之口一说，效果极明显。调解人从中斡旋，就等于在上下级之间架起了一座沟通的桥梁。但是，调解人一般情况下只能起到穿针引线作用，重新修好，起决定性作用的还是要靠你自己去进一步解决。

5. **在电话中解释**

打电话解释可以避免双方面对面的交谈可能带来的尴尬和别扭，这正是电话的优势所在，打电话时要注意语言应亲切自然，不管是由于自己的鲁莽造成的碰撞，还是由于上级心情不好引发的冲突，都可利用这个现代化的工具去解释；或者换个形式利用书信的方式去谈心，把话说开，求得理解，形成共识，这就为恢复关系初步营造了一个良好的开端，为下一步的和好面谈铺平了道路，这里需要说明的是此法要因人而用，不可滥用，若上级平时就讨厌这种表达方式的话就应禁用。

6. **伺机和好**

就是要选择好时机，掌握住火候，积极化解矛盾。譬如：当上级遇到喜事受到表彰或提拔时，你就应及时去祝贺道喜，这时上级情绪高涨，精神愉快，适时登门，上级自然不会拒绝，反而会认为这是对其工作成绩的认可和人格的尊重，当然也就乐意接受道贺了。

7. **宽宏大量，委曲求全**

一般来讲在许多情况下，遇事能不能忍，反映着一个人的胸怀与见识。当与上级发生冲突后，你要展现出宽厚的胸怀，不要小肚鸡肠，斤斤计较，既然人在屋檐下，就应夹起尾巴做人，不妨暂时先委屈一下自己，适度地采取忍让的态度，既可避免正面冲突，同时也保全了双方各自的面子和做人的尊严。

总之，工作中被上级误解是经常的事情，我们要调整好心态，而不是从此一蹶不振，应找到合适的方法与上级沟通，让上级明白你的工作态度和良苦用心。和上级争辩的结果永远是你被淘汰，只有沟通，才能消除误解。

掌握方法，及时向上级汇报工作

汇报工作是向上级反映情况，求得指导和帮助的重要方法，也是展示本部门成绩、工作能力和水平的重要机会。汇报得好，上级自然就会满意，就会对你或你部门的工作给予肯定，或对你提出的问题引起应有的重视，进而使你能够从中受到鼓舞，增强进一步做好工作、战胜困难的信心。

小王和小李大学毕业后同时进入了一家公司，他们俩人专业知识都很扎实，工作也很勤奋，也有好的工作业绩。可是，一年以后小王成了业务主管，小李却依然默默无闻。为此，私下里有许多的议论，甚至有人说“小王是老板的亲戚”。有人就问他们的上级，但他只说了一句话：“只是有的人让你放心而已!”。

原来在工作中，小李只知道埋头工作，却很少主动向上级汇报工作。而小王非常懂得汇报的重要性，定期向上级汇报工作。每次出去谈项目都要在结束后的第一时间将情况报告给自己的上级，遇有一些特殊情况，也总是先请示上级有什么样的意见和想法，再作决定。每次出差在外都要报告出差在外的工作情况，回公司的第一件事是先向上级作汇报。所以，上级对小王很放心，也愿意安排给他一些重要的项目和外出任务。如此下来，小王就掌握了很多的资源，建立了广泛的人际关系，也取得了很好的业绩，在公司的地位和影响也就越来越大，提升他做业务主管也就水到渠成了。

一个合格的下属必然是一个善于汇报工作的人，因为在汇报工作的过程中，他能得到上级对他最及时的指导，更快地成长，也因为在汇报工作的过程中，他能够与上级建立起牢固的信任关系。

在企业或组织管理过程中，向上级汇报工作，是常见的业务交往程序。特别是对那些经常要与上级打交道的人来说更是如此。原则上说，上级直接交办或委托他人交办的工作，无论大事小事，无论工作的结果是否圆满，均应向上级如实作出相应的汇报。

市建材公司的姜伟从一个用户那里考察回来后，敲了经理办公室的门。

“情况怎样?”经理劈头就朝姜伟问道。

姜伟坐定后，并不急于回答经理的问话，而是显得有些心事重重的样子。因为他十分了解经理的脾气，如果直接将不利的情况汇报给他，经理肯定会不高兴，搞不好还会认为自己没尽力去办。

经理见姜伟的样子，已经猜出了肯定是对公司不利的情况，于是改用了另一种方式问道：“情况糟到什么程度，有没有挽救的可能?”

“有!”这回姜伟回答得倒是十分干脆。

“那谈谈你的看法吧!”

姜伟这才把他考察到的情况汇报给经理：“我这次下去了解到，这个客户之所以不用我们厂的产品，主要是因为他们已经答应从另一个乡镇建材厂进货。”

“有这样的事！那你怎么看呢?”

“我想是这样的，我们公司的产品应该比乡镇企业的产品有优势，我们的产品不但质量好。而且价格还很公道，在该省已经具有了一定的知名度。”

“就是。一个小小的乡镇企业怎么能和我们相比呢?”经理打断了姜伟的汇报。

“所以说，我们肯定能变不利为有利。最重要的是，当地的建筑公司多年来使用我们公司的建材，与我们有很好的合作基础，这是我们的优势所在。但该客户答应与那个乡镇企业订货，主要是因为那个乡镇企业距离他们较近，而且可以送货上门。这一点，我们不如那家乡镇企业，我们可以直接到每个乡镇去走访，在每个乡镇找一个代理商，这样问题就解决了。”

“小姜，你想得真周到，不但找到了症结所在，还想出了解决的办法，要是公司里的员工都像你这样有责任心就好了。”

“经理过奖了。为公司分忧是我的责任。经理您工作忙，我就不打扰您了。”

不久，姜伟被调到了销售科，专门从事产品营销，公司的建材销量节节上升，姜伟也越来越受到重视，很快成了公司的业务骨干。

虽然公司面临的是不利的局面，但姜伟在向上级汇报时能把握住问题的关键，并能针对问题提出自己的看法和意见，让上级在了解实情的同时也得到了姜伟对这件事情的解决方案。由此，姜伟得到上级的赞赏和重用也是理所当然的了。

工作中遇到关键的问题，多向上级汇报和请示是下属主动争取表现的好办法，也是下属做好工作的重要保证。聪明的下属善于主动向上级汇报和请示，征求上级的意见和看法，把上级的意见融入到工作中去。一来工作中不会出错，二来博得了上级的欢心，满足了他的权力欲，你自己又做出了成绩，皆大欢喜，何乐而不为呢？

那么，在我们的工作中，如何才能协调好上下级关系，及时向上级汇报我们的成绩，或者我们应当怎样向上级汇报工作？

1. **理清思路**

在向上级汇报工作之前，应冷静地对工作过程进行反思。至于先说什么、后说什么，哪些问题简略地叙述、哪些问题详细地说明，都必须理出一个比较清晰的思路来。如果对待一个问题你自己都没有比较完整、比较清晰的思路，那么，你是无法或难以说服人的。汇报工作也是这样，如果不事先理清自己的思路，你是难以有条理地、层次分明地、有说服力地把自己做过的工作向上级汇报清楚的。

2. **抓住重点**

根据汇报目的和上级的要求，选择重点内容，并找准切入点。有的人汇报时不分主次，面面俱到，既抓不住要领，又吸引不住上级，甚至适得其反。所以，汇报工作应事先做好资料的收集和准备工作，在汇报中做到条理分明（上级喜欢汇报工作言之有物，条理分明，能所得出一、二、三来）。特别是上级部署的重点工作，未完成最好也要说明阶段性的进展。从一定意义上讲，下属善于掌握重点、突出重点，并把重点问题向上级描述清楚，不仅是一个方法和技巧问题，更是一个素养和能力问题。

3. **及时汇报不好的消息**

对不好的消息，要在事前主动报告。越早汇报越有价值，可以及早采取相应的应对策略以减少损失。遵循这样一个原则：尽量在上级提出疑问之前主动汇报，即使是要很长时间才能完成的工作，也应该有情况就报告。上级是否认为工作是按计划进行的？如果不是，还要作出什么调整？这样，在工作不能按原计划达到目标的情况下，应尽早使上级知道事情的详细经过，就不至于被责问了。

4. **实事求是**

向上级汇报工作，无论怎么切入，怎么加工润色，都必须本着认真负责的态度和实事求是的精神，一定要把汇报工作建立在事实清楚的基础之上，绝不能凭主观想象随意编造，更不能弄虚作假欺骗上级。这既是个职业道德问题，也是个人格问题。

敢于承担，不为失职找借口

人无完人，每个人都会犯上大大小小的错误。我们对待自己错误的态度，决定了我们在别人眼中的形象。人犯了错误往往有两种态度：一种是拒不认错，找借口辩解推脱；另一种是坦诚承认错误，勇于改正，并找到解决的途径。

每个人都有犯错误的可能，关键在于你认错的态度。只要你坦率承担责任，并尽力去想办法补救，你仍然可以立于不败之地。

小张和小王在同一家瓷器公司做员工，他们俩工作一直都很出色，上级也对这两名员工很满意，可是一件事却改变了两个人命运。

一次，小张和小王一同把一件很贵重的瓷器送到客户的商店。没想到送货车开到半路却坏了。因为公司有规定：如果货物不在规定时间送到，要被扣掉一部分奖金。于是，小张二话不说，抱起瓷器一路小跑，终于在规定的时间赶到了地点。这时，心存小算盘的小王想，如果客户看到我抱着瓷器，把这件事告诉老板，说不定会给我加薪呢。于是，小王抢着从小张怀里抱过瓷器，却一下没接住，瓷器一下子掉在了地上，“哗啦”一声碎了。两个人都知道瓷器打碎了意味着什么，一下子都呆住了。果然，两人回去后，遭到老板十分严厉的批评。

随后，小王偷偷对老板说："老板，这件事不是我的错，是小张不小心弄坏了。"

老板把小张叫到了办公室。小张把事情的经过告诉了老板。最后说："这件事是我们的失职，我愿意承担责任。小王年龄小，家境不太好，我愿意承担全部责任。我一定会弥补我们所造成的损失。"

两人一起等待着处理的结果。一天，老板把他们叫到了办公室，当场任命小张担任公司的客户部经理，并且对小王说："从明天开始，你就不用来上班了。"

老板最后说："其实，那个客户已经看见了你们俩在递接瓷器时的动作，他跟我说了事实。还有，我看见了问题出现后你们两个人的反应。"

由此可见，不敢为自己的过失承担责任的人，永远得不到上级的信任和重用。而敢于对自己的行为和结果承担责任，意味着你有责任感。只有那些承担责任的人，才有可能被赋予更多的使命，才有资格获得更大的荣誉。

一个人犯了错误并不可怕，怕的是不承认错误，不弥补错误。松下幸之助说："偶尔犯了错误无可厚非，但从处理错误的态度上，我们可以看清楚一个人。"上级最欣赏的是那些能够正确认识自己的错误，并及时改正错误以补救的人。

早上，秘书张园正在忙着整理文件、安排会议时间，经理走过来递给她一封信件："张园，帮我把这封信发到上海的分公司。"张园正忙于工作，因而应了经理的话，把信接过来就直接放在了桌上。

一直忙到了中午，张园手里的工作才暂告一段落。她收拾桌上的文件，发现经理的那封信还好好地在那儿放着，她心中一惊，知道自己只顾忙着手里的活儿，忘了这件事情了。事已至此，张园知道只有主动向上级道歉才有可能获得他的谅解。

她来到经理的办公室，诚恳地说道："经理，真是非常抱歉。早上我只顾着手上的活儿，忘了把您的信件发出去了。我现在就去给您办这件事情，希望没有耽误您的工作。"

经理本来觉得这是张园的失误，但是看张园的认错态度比较诚恳，因而原谅了她："下次不要再出现这样的疏忽了，记得把手头的工作安排好。"

张园连声说道："谢谢经理，以后不会再出现这样的状况了，我现在立刻去给您发信。”

面对自己工作上的失误，张园没有选择逃避，而是主动去找经理认错，再加上她的态度诚恳，因而获得了经理的谅解。

能坦诚地面对自己的错误，再拿出足够的勇气去承认它，面对它，不仅能弥补错误所带来的不良结果，在今后的工作中更加谨慎行事，而且上级也会很痛快地原谅你的错误。所以说，一个人做错了一件事，最好的办法就是老老实实认错，而不是去为自己辩护和开脱。

刘刚是一家公司的采购员工。有一次，他发现自己犯下了一个很大的估计上的错误。有一条对零售采购商至关重要的规则是不可以超支你所开账户上的存款数额。如果你的账户上不再有钱，你就不能购进新的商品，直到你重新把账户填满——而这通常要等到下一次采购季节。

那次正常的采购完毕之后，一位日本商贩向刘刚展示了一款极其漂亮的新式手提包。可这时刘刚的账户已经告急。他知道他应该在早些时候就备下一笔应急款，好抓住这种叫人始料未及的机会。此时他知道自己只有两种选择：要么放弃这笔交易，而这笔交易对公司来说肯定会有利可图；要么向公司落案承认自己所犯的错误，并请求追加拨款。正当刘刚坐在办公室里苦思冥想时，公司老板碰巧顺路来访。刘刚当即对他说：“我遇到麻烦了，我犯了个大错。”他接着解释了所发生的一切。

尽管公司老板不是个喜欢大手大脚地花钱的人，但他深为刘刚的坦诚所感动，很快设法给刘刚拨来所需款项，手提包一上市，果然深受顾客欢迎，卖得十分火爆。而刘刚也从超支账户存款一事汲取了教训。并且更为重要的是，他意识到这样一点：当你一旦发现了自己陷入了事业上的某种误区，怎样爬出来比如何跌进去最终会显得更加重要。

面对犯错的最佳对策是诚恳地承认错误，勇敢地承担责任，并积极地寻求补救的办法。推卸责任或避而不谈，只能适得其反。如果你只是顾全面子，不敢承担责任的话，那最后吃亏的只能是你自己。所以，发现错误的时候，不要采取消极的逃避态度。而是应该想一想自己应怎样做才能最大程度地弥补过错。只要你能以正确的态度对待它，勇于承担责任，错误不仅不会成为你发展的障碍，反而会成为你向前的推动器，促使你不断地、更快地成长。